Nina Hensel

Was hat die Bibel mit mir zu tun?

1./2. Klasse

Komplett ausgearbeitete Unterrichtsstunden zu bekannten Bibel-Geschichten

Die Autorin:

Nina Hensel studierte Deutsch, Mathematik und Religion auf Lehramt an der TU Dortmund. Jetzt arbeitet sie als Grundschullehrerin an der Friedrich-Ebert-Grundschule in Dortmund.

Gedruckt auf umweltbewusst gefertigtem, chlorfrei gebleichtem und alterungsbeständigem Papier.

3. Auflage 2019

Grafik: Petra Lefin
Satz: Satzpunkt Ursula Ewert GmbH, Bayreuth

ISBN 978-3-403-23486-9

www.persen.de

Inhaltsverzeichnis

Vorwort

„Und er machte sich auf und kam nach Judäa und jenseits des Jordans. [...] Und sie brachten Kinder zu ihm, damit er sie anrühre. Die Jünger aber fuhren sie an. Als es aber Jesus sah, wurde er unwillig und sprach zu ihnen: Laßt die Kinder zu mir kommen und wehret ihnen nicht; denn solchen gehört das Reich Gottes. Und er herzte sie und legte die Hände auf sie und segnete sie.“ (Mk 10, 1 und Mk 10, 13–14.16)
Jesus segnete die Kinder, weil ihm die Kinder wichtig waren. Sie waren ihm viel wert. Das ist eine schöne biblische Geschichte für Kinder, denn da ist ein Erwachsener, der Kinder nicht zurückweist, der sich Kindern vorbehaltlos zuwendet, damals in Judäa und jenseits des Jordans.
Es gilt nun, diese und andere biblische Geschichten, also Geschichten von damals, für die Kinder von heute bedeutsam zu machen. Ein Hilfsmittel dazu ist der Spiegel. Der Spiegel ermöglicht es den Kindern, biblische Geschichten auf sich selbst zu beziehen. Indem sie im Spiegelbuch nachschauen, wen Jesus liebt, erkennen sie sich selbst und kommen zur Einsicht: Jesus liebt auch mich. Auch ich bin ihm viel wert. Sie erkennen im Hinblick auf die Abrahamgeschichte mit Blick in das Spiegelbuch: Auch ich bin ein Wunschkind Gottes.
Aber auch bei der Klärung der Frage „Was ist Religionsunterricht?“ zu Beginn des ersten Schuljahres ist der Spiegel hilfreich. Beim Öffnen der Schatzkiste Religion holen die Kinder neben Bibel, Kerze, Liederbuch, ... auch einen Spiegel heraus. Warum ist ein Spiegel in der Kiste? Was hat ein Spiegel mit Religionsunterricht zu tun? Solche und viele weitere Fragen wirft der Spiegel auf und führt nach und nach zur Erkenntnis, dass Religion nicht nur Erzählen aus der Bibel, Durchführen von Ritualen (Kerze anzünden, Lieder singen, ...) beinhaltet, sondern auch mit mir zu tun hat. Dass es im Religionsunterricht um mich und mein Leben geht. Somit verdeutlicht der Spiegel den Kindern auf ganz einfache Weise das zentrale Prinzip des Religionsunterrichts: Vernetzung – die Vernetzung der Lebenswirklichkeit der Schülerinnen und Schüler mit der biblisch-christlichen Tradition.
Ziel dieses Buches ist es, dem Leser anhand einer Auswahl praktisch erprobter Unterrichtsreihen zu zeigen, wie sich biblische Geschichten für Kinder des 1. und 2. Schuljahres unter anderem durch Einsatz des Spiegels bedeutsam machen lassen. Dabei werden auch die zwei großen christlichen Feste in den Blick genommen.

Über die Stundenbilder

Im Anschluss an dieses Vorwort finden Sie verschiedene Stundenbilder. Sie helfen Ihnen dabei, gemeinsam mit Ihren Schülerinnen und Schülern einen Stundenwegweiser zu erstellen. Sie können die Stundenbilder z. B. an die Tafel heften und durch Weiterschieben eines Magnetplättchens markieren, was als Nächstes in der Stunde passiert.

Zur besseren Lesbarkeit werden in diesem Buch folgende Abkürzungen verwendet:

L = Lehrerin/Lehrer
S = Schüler
SuS = Schülerinnen und Schüler
EA = Einzelarbeit
PA = Partnerarbeit
GA = Gruppenarbeit
AB = Arbeitsblatt
M = Material

Kinositz

Erzählkreis

singen

Ideen sammeln/überlegen

Einzelarbeit

Partnerarbeit

Gruppenarbeit

basteln

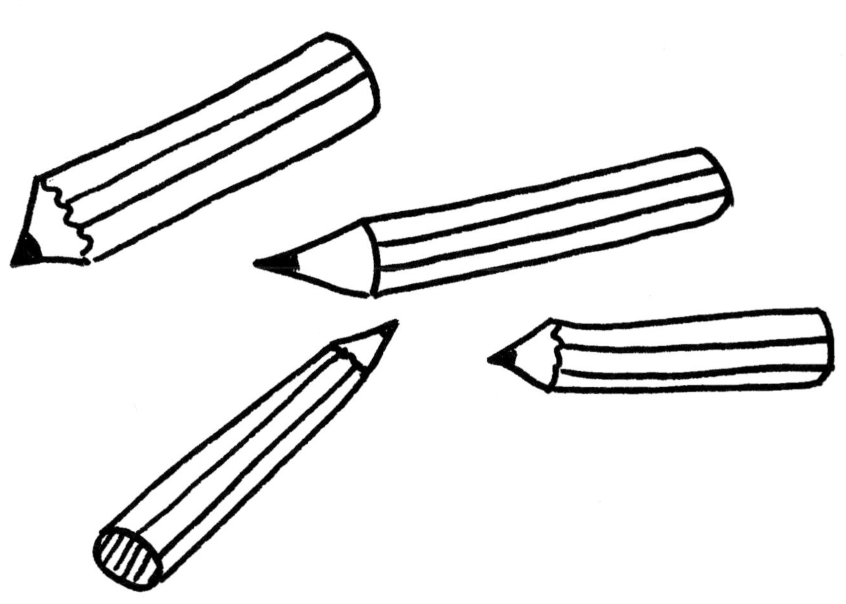

malen

lesen

Kerze anzünden

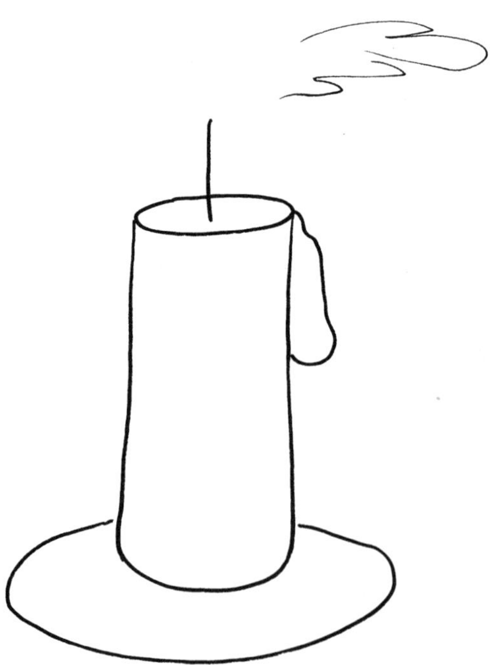

Kerze auspusten

1. Was ist Religionsunterricht? – Wir öffnen die Schatztruhe Religion

Intention und Material

Intention
In dieser Unterrichtsstunde sollen die SuS das Fach Religion als etwas Besonderes, Kostbares erfahren (= Schatz), und mithilfe der Gegenstände der Schatzkiste selbstständig erschließen, was alles zum Religionsunterricht gehört.

Material
Schatzkiste, Liederbuch/CD, Kinderbibel, Kerze, Spiegel, Schneckenhaus, Kirche, Spiegelfolie, **AB M1** und **M2**
Hinweis: Bitte planen Sie Zeit zum Basteln ein.

Aufbau der Unterrichtsstunde

Einstieg (10 Minuten)
Die Schüler sitzen an ihren Arbeitsplätzen.

1. L. begrüßt SuS zur ersten Religionsstunde.
2. L.: „Welche drei Regeln sind im Unterricht besonders wichtig?“
   Antworten: leise sein, Zuhören, Aufzeigen
3. L.: „Ich flüstere gleich eure Namen. Wer seinen Namen hört, kommt bitte leise und langsam in den Erzählkreis. Ein Mädchen setzt sich neben einen Jungen und ein Junge setzt sich neben ein Mädchen.
   Wenn ich eure Namen flüstere, welche der drei Gesprächsregeln sind dann für uns besonders wichtig?“
   Antwort: leise sein und Zuhören
4. L. flüstert die SuS in den Erzählkreis.

Hinführung (15 Minuten)
Erzählkreis, gestaltete Mitte (Schatzkiste)

1. L.: „Wie hat das geklappt? Haben alle Kinder gut zugehört und waren leise? War es auch im Erzählkreis leise und sitzt ein Mädchen neben einem Jungen? Dann zeige den Daumen hoch. War eins davon nicht gut, dann zeige deinen Daumen zur Seite. War nichts gut, dann zeige deinen Daumen nach unten.“
   L. nimmt 1–2 SuS dran und lässt sie ihre Meinung (Daumen hoch/zur Seite/nach unten) begründen.
2. L.: „Heute möchte ich mit euch darüber reden, was Religionsunterricht ist. Wer weiß denn schon, was Religionsunterricht ist?“
   L. nimmt Äußerungen der SuS entgegen.
3. L.: „Die Schatzkiste Religion hilft euch, die Frage zu beantworten: Was ist Religionsunterricht? Ihr findet darin Hinweise, worum es im Religionsunterricht geht. Wer möchte die Schatzkiste Religion öffnen? Holt einen Gegenstand heraus und beschreibt ihn.“
   Gegenstände: Liederbuch/CD, Kinderbibel, Kerze, Spiegel, Schneckenhaus, Kirche, Stundenwegweiser
4. L. spricht über die Bedeutung der Gegenstände:
   - Liederbuch/CD: Wir singen im Religionsunterricht.
   - Kinderbibel: Ihr hört Geschichten von Gott und Jesus.
   - Kerze: Zu Beginn zünden wir immer die Kerze an. Damit laden wir Gott in unsere Mitte ein. Denn Jesus, sein Sohn, hat gesagt: „Ich bin das Licht der Welt“ (Joh 8, 12).

   Weitere Erklärung:
   „Licht macht es hell um uns.
   Licht macht es warm in uns.
   Jesus hat einmal gesagt: „Ich bin das Licht der Welt.“
   Wir wollen dieses Licht in der Religionsstunde bei uns spüren.
   Deshalb zünden wir diese Kerze an und werden dabei ganz still.“

5. L. entzündet die Kerze.
   - Spiegel: Im Religionsunterricht geht es um jeden einzelnen von euch.
   - Schneckenhaus: Wir werden im Religionsunterricht ganz leise und hören genau.
   - Kirche: Wir schauen uns das Gotteshaus genauer an und besuchen den Gottesdienst.

- Stundenwegweiser: Zu Beginn des Religionsunterrichts erstellen wir gemeinsam den Plan für jede Unterrichtsstunde.

Arbeitsauftrag (EA oder PA)
Schau dir die Bilder auf dem **Arbeitsblatt M1** „Was ist Religionsunterricht?“ genau an. Schneide die passenden Felder aus und klebe sie auf das **Arbeitsblatt M2** „Religionsunterricht ist …“.
Hinweis: In ein Feld auf dem Arbeitsblatt M1 muss vorab eine Spiegelfolie geklebt werden.

L.: „Gibt es noch Fragen zu der Aufgabe?“
L. bittet einen S., die Aufgabe in seinen eigenen Worten zu wiederholen.

Arbeitsphase (10 Minuten)
SuS bearbeiten in EA oder PA den Arbeitsauftrag.

Reflexion (10 Minuten)
L.: Was ist Religionsunterricht?
→ SuS stellen ihre Arbeitsergebnisse vor.

Ausblick
In der nächsten Stunde …

1. L.: „Unsere Stunde ist fast zu Ende. Ich möchte mit euch das Lied „Halte zu mir, guter Gott“ singen.
   Hinweis: Liedtext und Noten finden Sie am Ende des Buches auf Seite 87.
   L. singt das Lied einmal vor. Dann wird es gemeinsam gesungen.
2. L.: Jetzt brauche ich ein Kind, dass zum Ende der Religionsstunde die Kerze auspustet.

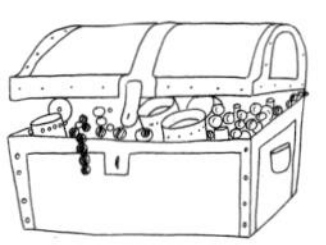

Was ist Religionsunterricht?

1.

2.

3.

singen	Inliner fahren	basteln/malen	schreiben
Seilchen springen	lesen	kochen	erzählen
Ball spielen	beten	hören	Spiegelfolie einkleben

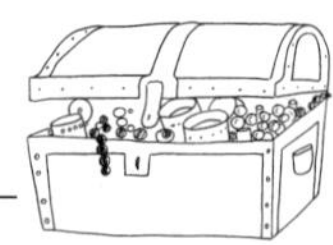

Religionsunterricht ist …

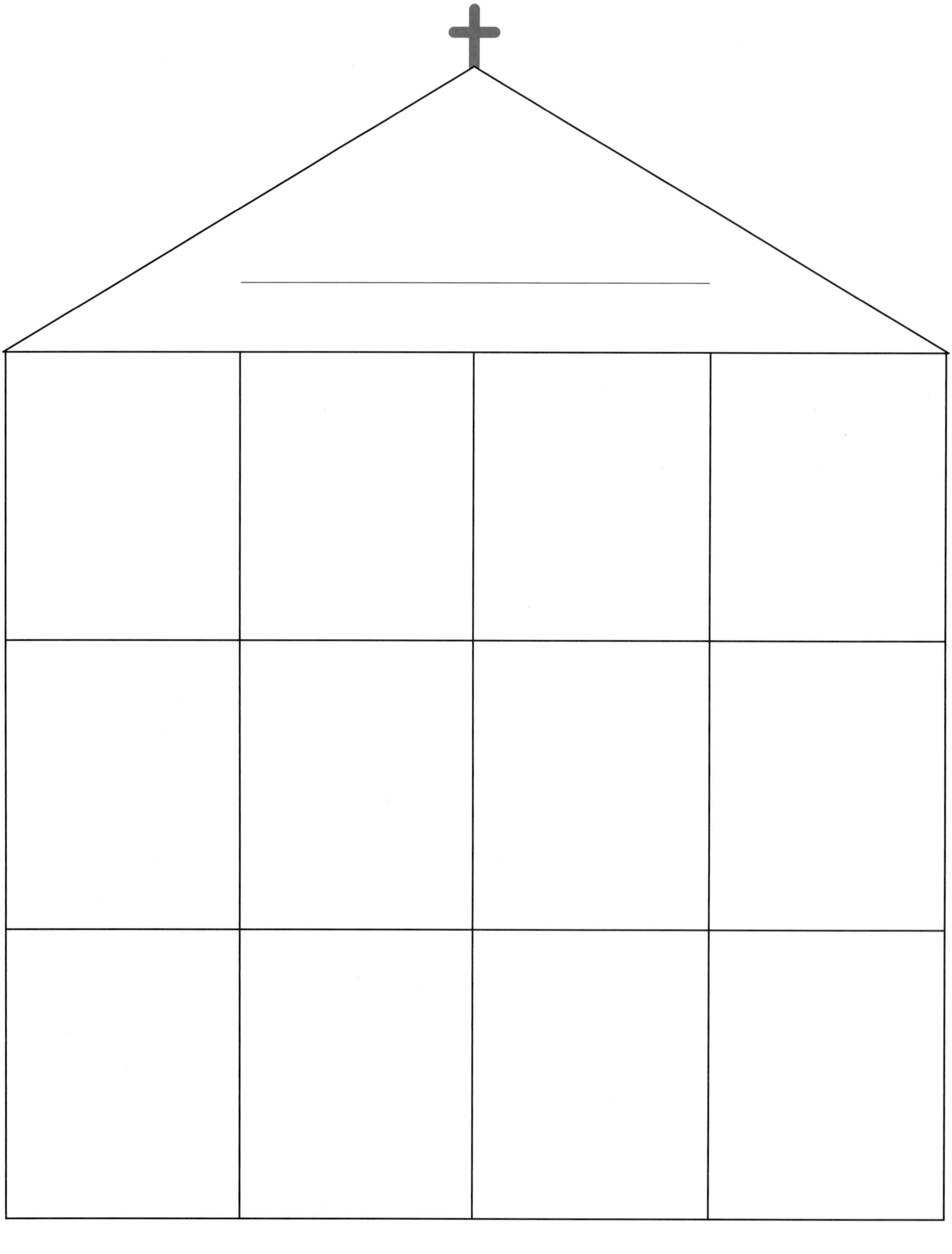

2. Ich bin viel wert – Kindersegnung (Mk 10, 13–14.16)

Die folgende Unterrichtsreihe umfasst insgesamt vier Unterrichtsstunden.
In dieser Unterrichtsreihe sollen die SuS – ausgehend von ihren eigenen Erfahrungen des Zurückgewiesenwerdens seitens Erwachsener („Du bist zu klein.") – die Geschichte von der Kindersegnung nach Mk 10, 13–14.16 kennenlernen. Mithilfe eines Spiegelbüchleins sollen sie erfahren, dass Jesus alle Kinder liebt und sich vorbildhaft für ihre Rechte einsetzt: „Lasst die Kinder zu mir kommen und wehret ihnen nicht." (Mk 10, 14b)

1. Stunde: Es gibt viel Besonderes an mir

Intention und Material

Intention
Die SuS sollen sich ihrer Stärken bewusst werden: „Es gibt viel Besonderes an mir."

Material
AB M3 und **M4**

Aufbau der Unterrichtsstunde

Einstieg (10 Minuten)
1. L. oder S. flüstert die SuS in den Erzählkreis.
2. Erstellung des Stundenwegweisers mithilfe von Bildern. Diese Bilder finden Sie auf den Seiten 5 bis 10 in diesem Buch.
   - Erzählkreis
   - Ritual: Kerze anzünden (Jesus: „Ich bin das Licht der Welt". Ziel: Die SuS laden Jesus in ihre Mitte ein.)
   - Lied (z. B. „Lasst uns miteinander"; siehe S. 89)
   - Überlegen (SuS erinnern und wiederholen den Inhalt der letzten Religionsstunde.)
   - Einzelarbeit
   - Erzählkreis: Vorstellung der Arbeitsergebnisse
   - Lied (z. B. „Lasst uns miteinander"; siehe S. 89)
   - Ritual: Kerze auspusten

Tipp: Da der Anfang und das Ende des Stundenwegweisers immer gleich sind, kann diese Aufgabe auch von den SuS übernommen werden. Den Stundenwegweiser können Sie z. B. an die Tafel heften. Durch Weiterschieben eines Magnetplättchens auf der Tafel kann ein S. markieren, was als Nächstes in der Stunde erfolgt.

Hinführung (15 Minuten)
Klassenverband
1. L.: „Worum es heute in der Stunde geht, zeigt euch der Stundenwegweiser."
2. Stummer Impuls: L. zeigt auf das **Bild von Superman (M3)**.
   L.: „Was kann Superman besonders gut?"
3. L.: „Es gibt auch viel Besonderes an euch. Was könnt ihr besonders gut?"
   L. sammelt SuS-Aussagen an der Tafel zur Vorbereitung auf die Transformationsphase: reiten, Einrad fahren, rechnen, schwimmen, Witze erzählen …

Arbeitsauftrag (EA)
Die SuS malen oder schreiben auf dem **Arbeitsblatt M4** auf, was sie besonders gut können.
L.: „Gibt es noch Fragen zu der Aufgabe?"
L. bittet einen S., die Aufgabe in seinen eigenen Worten zu wiederholen.

Arbeitsphase (10 Minuten)
SuS schreiben oder malen ihre Stärken in Einzelarbeit auf.

Reflexion (10 Minuten)
SuS stellen ihre Arbeitsergebnisse vor. Anschließend werden alle Ergebnisse der SuS zu einem Wandplakat zusammengefügt.

Ausblick:
1. L.: „Auf dem Wandplakat stehen jetzt all die Dinge, die besonders an euch sind. In der nächsten Stunde sollt ihr davon erzählen, wie es ist, Kind zu sein."
2. L.: „Unsere Stunde ist fast zu Ende. Ich möchte mit euch unser Abschlusslied singen. Wer kann mir sagen, wie es heißt?"
   (z. B. „Lasst uns miteinander"; siehe S. 89)
3. L.: „Jetzt brauche ich ein Kind, das zum Ende der Religionsstunde die Kerze auspustet."

Superman

Das kann ich besonders gut

Name: ______________________________

oder

2. Stunde: „Du bist zu klein!"

Intention und Material

Intention
Die SuS sollen
- den Kinder-Abwehr-Rap kennenlernen.
- den Widerspruch zwischen eigenem Können und der Haltung der Großen/ Erwachsenen Kindern gegenüber („Du bist zu klein!") erkennen.

Material
Overheadprojektor, **AB M5**, **Bilder M6**, **M7**, **AB M8**

Aufbau der Unterrichtsstunde

Einstieg (10 Minuten)
1. L. oder S. flüstert die SuS in den Erzählkreis.
2. Erstellung des Stundenwegweisers mithilfe von Bildern. Diese Bilder finden Sie auf den Seiten 5 bis 10 in diesem Buch.
   - Erzählkreis
   - Ritual: Kerze anzünden
   - Lied (z. B. „Lasst uns miteinander"; siehe S. 89)
   - Überlegen/Ideen sammeln: Superman/„Du bist zu klein"
   - Einzelarbeit
   - Erzählkreis: Vorstellung der Arbeitsergebnisse
   - Lied (z. B. „Lasst uns miteinander"; siehe S. 89)
   - Ritual: Kerze auspusten
3. Stummer Impuls: L. hängt das **Bild von Superman (M3)** an die Tafel.
4. Ggf. zusätzlicher Impuls:
   L.: „Dieses Bild hat etwas mit der letzten Religionsstunde zu tun." Anknüpfung an die letzte Religionsstunde.

Hinführung (15 Minuten)
1. L.: „Worum es heute in der Stunde geht, zeigt euch der Stundenwegweiser: Häufig hören Kinder von Erwachsenen den Satz „Du bist zu klein!" Dazu habe ich euch einen Rap mitgebracht."
2. Kinder lernen den Kinder-Abwehr-Rap (siehe **Arbeitsblatt M5**):
   2.1 Vorsprechen mit Bewegungen.
   2.2 Kinder machen mit und sprechen die Textstelle „Unerhört!" mit. Dabei stampfen sie zweimal auf. L. spricht den Rest.
3. L. legt **Bilder M6 und M7** „Bin ich noch zu klein?" auf den OHP: „Zum Rap von eben passen auch diese Bilder."
   L.: „Beschreibt, was ihr auf den Bildern seht. Warum schaut die Mutter so wütend? Was könnte die Mutter sagen?"
4. L.: „Habt ihr auch schon einmal so etwas erlebt? Was haben die Erwachsenen zu euch gesagt?"

Arbeitsauftrag (EA)
SuS bearbeiten das **Arbeitsblatt M8** zum Thema „Du bist zu klein!".
L.: „Malt, wann euch ein Erwachsener einmal nicht beachtet oder fortgeschickt hat. Gibt es noch Fragen zu der Aufgabe?"
L. bittet einen S., die Aufgabe in seinen eigenen Worten zu wiederholen.

Arbeitsphase (10 Minuten)
SuS bearbeiten das Arbeitsblatt in EA.

Reflexion (10 Minuten)
1. SuS stellen ihre Ergebnisse vor und kleben sie zu den Bildern **M6** und **M7** an das Wandfries.
2. L. zeigt auf das Wandfries: „Zu all dem sind Kinder noch zu klein. Oder? Können Kinder nichts?"
   L. wartet Äußerungen der SuS ab.

Ausblick:
L.: „In der nächsten Stunde erfahrt ihr, wie Jesus mit Kindern umgeht."

Ritual: Lied, Kerze

Kinder-Abwehr-Rap

Unerhört (+ + zweimal aufstampfen)!

Merkt ihr nicht, dass ihr stört!

Unerhört (+ + zweimal aufstampfen)!

Wenn die Großen was bereden,

habt ihr euch still zu benehmen!

Wenn die Großen was gestalten,

habt ihr euren Mund zu halten!

Unerhört (+ + zweimal aufstampfen)!

Merkt ihr gar nicht, dass ihr stört!

Unerhört (+ + zweimal aufstampfen)!

„Bin ich noch zu klein?“

Du bist zu klein

NEIN

Name: ______________________________

oder

3. Stunde: Jesus und die Kinder

Intention und Material

Intention

Die SuS sollen

- die Geschichte von der Kindersegnung nach Mk 10, 13–14.16 kennenlernen.
- lernen, dass Jesus auch sie liebt und für wichtig hält.

Material

Erzähltheater (Kamishibai), Forscherbücher/Spiegelbücher, **AB M9**, **M10**, **Bilder M11–M14**

Hinweis: Bitte planen Sie Zeit zum Basteln ein, damit Sie alles vorbereiten können.

*Jedes Kind erhält leihweise ein kleines Forscherbuch (Vorlage siehe **M9**). Das Forscherbuch wird aus gelber Pappe gebaut. Dazu wird die Pappe in DIN A5 einmal geknickt. Das Deckblatt zeigt Jesus mit geöffneten Armen. Darüber steht die Forscherfrage „Wen hat Jesus lieb?“ Innen ist eine Seite mit Spiegelfolie beklebt.*

Aufbau der Unterrichtsstunde

Einstieg (15 Minuten)

1. L. oder S. flüstert die SuS in den Erzählkreis.
2. Erstellung des Stundenwegweisers mithilfe von Bildern. Diese Bilder finden Sie auf den Seiten 5 bis 10 in diesem Buch.
   - Erzählkreis
   - Ritual: Kerze anzünden
   - Lied (z. B. „Unerhört!“, Kinder-Abwehr-Rap aus der vorherigen Stunde, siehe M1, S. 19)
   - Überlegen: Kinder-Abwehr-Rap
   - Erzählen
   - Einzelarbeit: Forscher mit Lupe und Jesus mit offenen Armen: Wen hat Jesus lieb?
   - Erzählkreis: Vorstellung der Arbeitsergebnisse
   - Lied (z. B. „Jesus Liebe ist so wunderbar“, siehe S. 86)
   - Ritual: Kerze auspusten
3. L.: „Wir singen heute zu Beginn der Stunde den Kinder-Abwehr-Rap. Den Rap kennt ihr aus der letzen Stunde.“
   Text noch einmal vorsprechen, dann gemeinsam rappen (Anknüpfung an die vorhergehende Stunde).
4. Stummer Impuls: Wandfries
   Was Erwachsene häufig zu Kindern sagen: Erwachsene sagen häufig zu Kindern: „Du bist zu klein“, „Nein“, „Warte im Flur“ …

Hinführung (15 Minuten)

Erzählkreis

1. L.: „Worum es heute in der Stunde geht, zeigt euch der Stundenwegweiser.“
   L.: „Schon damals, zur Zeit Jesu, haben Erwachsene häufig zu Kindern gesagt:
   „Geh weg! Du bist zu klein! Stör nicht!““
2. L.: „Ich möchte euch jetzt eine Geschichte aus der Bibel erzählen. Hört gut zu.“
   L. liest den Text „Jesus und die Kinder“ vor.

Jesus und die Kinder

L. zeigt **Bild M11** (nach Mk10, 13–14.16): *In der Geschichte, die ich euch jetzt erzählen werde, kommen Kinder vor.*

L. zeigt **Bild M12**: *Ihre Mütter sind ganz aufgeregt.*

Sie rufen: „Jesus ist in unserem Dorf!“

Die Kinder freuen sich.

L.: Was denkt ihr, warum freuen sich die Kinder über den Besuch Jesu?

L. wartet Äußerungen der SuS ab.

L. liest weiter vor:

Die Mütter und Kinder wissen: Jesus erzählt von Gott und hilft allen Leuten.

Zusammen mit ihren Müttern laufen die Kinder zu Jesus.

L. zeigt **Bild M13**: *Als Jesus Freunde all die Kinder sehen, schimpfen sie: „Geht weg! Ihr seid zu klein! Jesus hat keine Zeit für euch!“*

L.: Was denkt ihr, wie geht die Geschichte weiter?

L. wartet Äußerungen der SuS ab. Mögliche Äußerungen: Die Kinder gehen traurig weg. / Die Mütter beschweren sich. / Jesus wird aufmerksam auf die Kinder.

L. liest weiter vor:

Jesus hört, was seine Freunde sagen. Er ruft wütend: „Lasst die Kinder zu mir kommen! Auch sie gehören dazu! Ich habe Zeit für sie! Sie stören nicht!“

L. zeigt **Bild M14**: *Jesus nimmt die Kinder in seine Arme.*
Gott soll sie immer beschützen.

Am Ende der Geschichte wartet der L. zunächst Spontanäußerungen der SuS ab. Erst wenn die SuS sich nicht spontan äußern, fordert er sie mit der Frage „Was sagt ihr dazu?“ auf, sich zu äußern.

3. L.: „Das war damals. Und heute: Wen hat Jesus lieb?“ L. lässt SuS Vermutungen äußern.

Arbeitsauftrag (EA)

1. L.: „Schaut in das Forscherbüchlein (= Spiegelbuch).“ (Vorlage für Spiegelbuch siehe **M9**) „Malt auf das Arbeitsblatt, was ihr gesehen habt.“ (**Arbeitsblatt M10**)
2. *Sonnenaufgabe* (als Zusatzaufgabe). L.: „Schreibe in die Sprechblase, was Jesus zu den Kindern sagt.“ (**Arbeitsblatt M10**)
3. L.: „Gibt es noch Fragen zu der Aufgabe?“ L. bittet einen S., die Aufgabe in seinen eigenen Worten zu wiederholen.

Arbeitsphase (10 Minuten)
SuS bearbeiten die Aufgabe in EA.

Reflexion (5 Minuten)
Erzählkreis

1. L.: „Was habt ihr herausgefunden: Wen hat Jesus lieb? _____, wen hat Jesus lieb?“
2. Kinder stellen ihre Bilder vor und heften sie an das Wandfries.

Ausblick
L.: „Jesus hat in der Geschichte, die ihr vorhin gehört habt, den Erwachsenen deutlich seine Meinung gesagt. „Lasst die Kinder zu mir kommen. Auch sie haben das Recht dazu“, hat Jesus gesagt. Welche Rechte Kinder haben, darum geht es in der kommenden Stunde.“

Ritual
Lied, Kerze

Forscherbuch/Spiegelbuch: Außen- und Innenseiten

Herstellung des Forscherbuchs:
Für das Forscherbuch wird eine gelbe Pappe (DIN A5) in der Mitte gefaltet.
Außen wird die Jesusfigur aufgeklebt (siehe Vorlage unten).
In die Innenseite des Forscherbuchs wird eine Spiegelfolie eingeklebt.

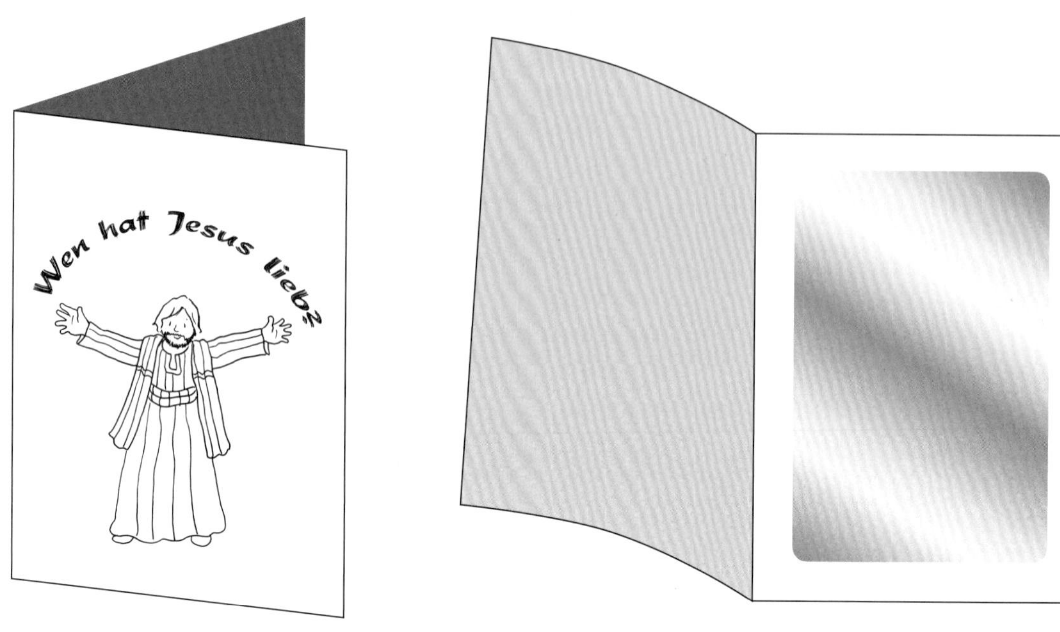

Du bist zu klein

Name: ______________________________

Schreibe in die Sprechblase: Was sagt Jesus zu Kindern?

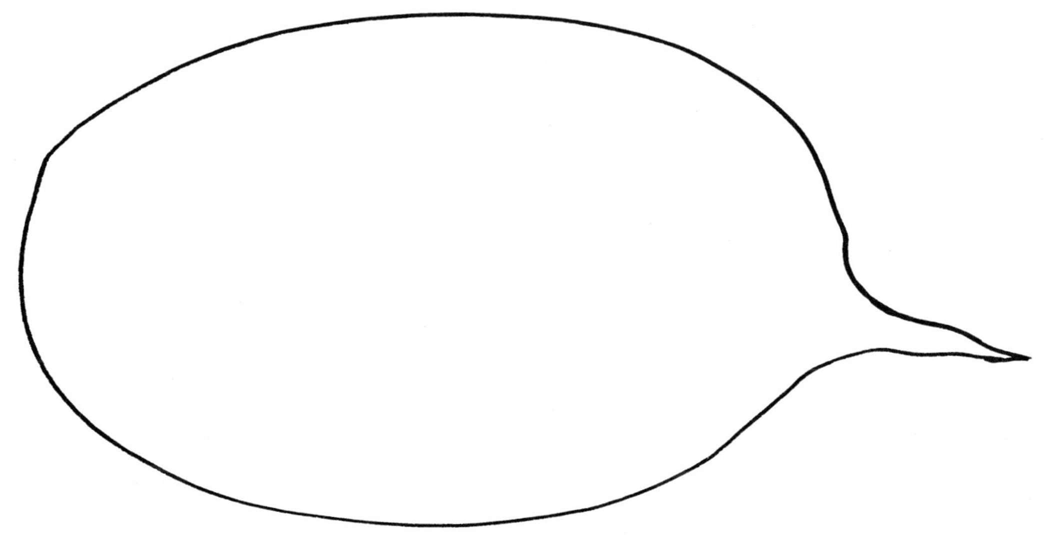

4. Stunde: „Lasst die Kinder zu mir kommen." – Kinder haben Rechte!

Intention und Material

Intention

Die SuS sollen
- vergleichen: Das sagt Jesus – das sagen Ewachsene/Große (Wandfries).
- einzelne Rechte der Kinderrechtskonvention der Vereinten Nationen kennenlernen.

Material

AB M15, **M16**

Aufbau der Unterrichtsstunde

Einstieg (10 Minuten)
1. L. oder S. flüstert die SuS in den Erzählkreis.
2. Erstellung des Stundenwegweisers mithilfe von Bildern. Diese Bilder finden Sie auf den Seiten 5 bis 10 in diesem Buch.
   - Erzählkreis
   - Ritual: Kerze anzünden
   - Lied (z. B. „Jesus Liebe ist so wunderbar"; siehe S. 86)
   - Ideen sammeln: Kinder haben Rechte
   - Einzelarbeit: Wenn ich Kinder-König wäre, dann ...
   - Erzählkreis: Vorstellung der Arbeitsergebnisse
   - Lied (z. B. „Jesus Liebe ist so wunderbar"; siehe S. 86)
   - Ritual: Kerze auspusten
3. Lied singen: „Jesus Liebe ist so wunderbar, siehe S. 86.
4. L.: „Das Lied hat etwas mit der letzen Stunde zu tun. Worum ging es in der letzen Stunde?"

Hinführung (20 Minuten)
1. L.: „Der Stundenwegweiser sagt uns, was wir heute machen."
   Jesus sagt: Lasst die Kinder zu mir kommen.
   Auch Kinder haben das Recht dazu.
2. L.: „Kinder haben Rechte! Was ist ein Recht?"
   L. gibt Impuls, falls die Kinder nicht die Antworten geben:
   - Rechte sind unbedingt notwendig.
   - Rechte darf keiner verbieten.
3. L.: „Schaut euch die Bilder an." (Lehrer zeigt **M15.**)
   - „Was seht ihr?"
   - „Was ist unbedingt notwendig?"
   - „Was darf keiner einem Kind verbieten?"
4. L.: „Trotzdem haben auf der Welt nicht alle Kinder nahrhaftes Essen, sauberes Wasser, können die Schule besuchen ... usw. Was könntet ihr dagegen tun?"
   L. wartet Äußerungen der SuS ab. Ideen können z. B. sein:
   - Patenschaft übernehmen
   - Aufbaumaßnahmen durch Spenden unterstützen
   - achtsam mit Wasser und Nahrung umgehen

Arbeitsauftrag (EA)
1. SuS bearbeiten das **Arbeitsblatt M16**. L. gibt einleitenden Impuls: „Stell dir vor, du bist Kinder-König. Überlege dir:
   - Wenn ich Kinder-König wäre, ...
   - Was ist dir wichtig?"
   Sonnenaufgabe (als Zusatzaufgabe): Gestalte das Bild farbig.
2. L.: „Gibt es noch Fragen zu der Aufgabe?" L. bittet einen S., die Aufgabe in seinen eigenen Worten zu wiederholen.

Arbeitsphase (10 Minuten)

SuS überlegen sich auf der Grundlage der vorhergegangenen Besprechung, was sie als Kinder-König machen würden und schreiben es auf das **Arbeitsblatt M16**.

Reflexion (5 Minuten)
1. Kinder stellen ihre Arbeitsergebnisse vor.
2. Wandfries wird aus den Arbeitsergebnissen erstellt.
3. Ggf.: Kinder überlegen sich eine Überschrift für das Wandfries.

Ritual

Lied, Kerze

M15 Bilder: Kinderrecht oder nicht?

Bilder: Kinderrecht oder nicht?
Hängen Sie die Bilder vergrößert an die Tafel.

Süßigkeiten

Schule

Spielplätze

Ärztin

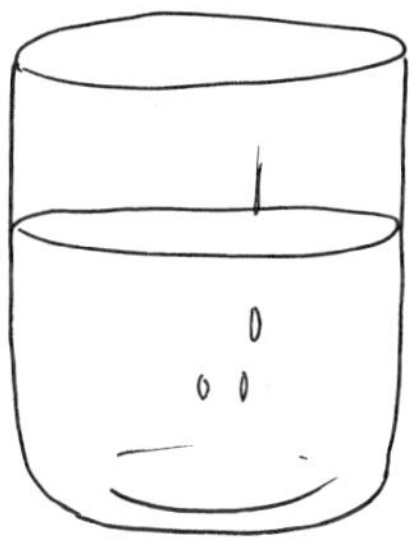

sauberes Wasser

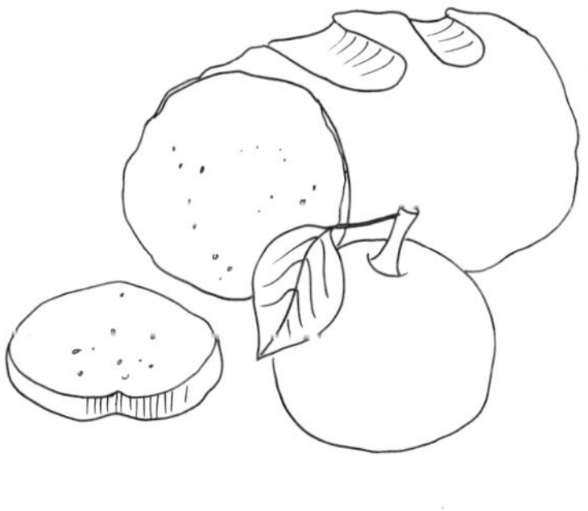

nahrhaftes Essen

Computer

Wenn ich Kinder-König wäre, …

oder

Gestalte das Bild farbig.

3. Abraham und Sara gehen im Vertrauen auf Gott

Die folgende Unterrichtsreihe umfasst insgesamt sechs Unterrichtsstunden. Gegenstand der Unterrichtsreihe sind die in den curricularen Vorgaben genannten Textstellen 1. Mose 12, 1–4a (Berufung), 1. Mose 15, 5.6 (Verheißung) und 1. Mose 21, 2.3 (Isaaks Geburt), die durch die Textstelle 1. Mose 18, 1–15 (Der Herr bei Abraham in Mamre) ergänzt werden.
In dieser Unterrichtsreihe sollen die Kinder anhand ausgewählter Textstellen der Abrahamerzählung erkennen, dass Menschen im Vertrauen auf Gott neue, unbekannte Wege beschreiten können, da sie von Gott behütet und geliebt werden.

1. Stunde: Land und Leute zur Zeit Abrahams

Intention und Material

Intention
Die SuS sollen
die Lebensumstände der Nomaden zur Zeit Abrahams mithilfe einer Fantasiereise kennenlernen.

Material
Pappe in DIN A4 in den Farben Hellblau und Hellgelb, die zu DIN A3 zusammengeklebt werden, **AB M1**
Hinweis: Die hellgelbe Pappe stellt die Wüste dar, die hellblaue Pappe den Himmel. Die Bedeutung der Farben wird im Vorlauf der Unterrichtsstunde abgefragt.

Aufbau der Unterrichtsstunde

Einstieg (10 Minuten)
1. L. oder S. flüstert die SuS in den Erzählkreis.
2. Erstellung des Stundenwegweisers mithilfe von Bildern. Diese Bilder finden Sie auf den Seiten 5 bis 10 in diesem Buch.
   - Erzählkreis
   - Ritual: Kerze anzünden (Jesus: „Ich bin das Licht der Welt“)
   - Lied (z. B. „Lasst uns miteinander“; siehe S. 89)
   - Fantasiereise
   - PA oder GA
   - Lied (z. B. „Halte zu mir, guter Gott“; siehe S. 87)
   - Ritual: Kerze auspusten

Hinführung (10 Minuten)
1. L.: „In der nächsten Religionsstunde erzähle ich euch die Geschichte von Abraham und seiner Frau Sara. Abraham und Sara haben vor langer Zeit gelebt. Sie lebten im gleichen Land wie Jesus. Heute erfahrt ihr, wie das Leben damals war.“
2. L.: „Wir reisen in unseren Gedanken in das Land von Abraham und Sara.“
   L. liest die Fantasiereise vor, im Hintergrund läuft Meditationsmusik.

Fantasiereise

Setze dich bequem hin. Lege deinen Kopf auf den Tisch. Schließe die Augen. Deine Hände liegen ganz entspannt auf dem Tisch. Du spürst deinen Atem – du atmest ein und aus. Du hörst nur noch meine Stimme.
Wir reisen in ein Land. In dem Land sieht es ganz anders aus als bei uns. Es gibt keine Häuser, wie wir sie kennen. Es gibt viele Hütten und Zelte.
Du siehst dich um – (L. macht eine Pause beim Lesen) *– du stehst in einem Zelt. Langsam gehst du aus dem Zelt. Draußen ist es heiß. Du siehst Sand – ganz viel Sand. Du bist in einer Wüste. Ein paar Steine liegen herum. Es gibt wenige Büsche und Palmen. In der Wüste leben Menschen. Die Menschen tragen Kopftücher und lange Kleidung. Die Kopftücher und die Kleidung schützen sie vor der heißen Sonne.*

Du gehst ein Stück auf die Menschen zu. Sie wohnen in den Zelten. Die Zeltwände werden von dicken Holzstämmen gehalten. Auf dem Boden liegen Felle zum Schlafen.

Die Menschen nennt man Nomaden. Sie ziehen mit ihren Zelten von einem Ort zum nächsten, um Wasser und Futter für ihre Tiere zu finden. Die Nomaden wollen weiterreisen. Sie bauen ihre Zelte ab. Du hörst, wie ein Nomade zum anderen sagt: „Wir müssen heute Abend eine neue Weide finden, damit die Tiere genug zu essen haben, sonst geben uns die Ziegen keine Milch mehr.“
Schnell bauen die Menschen ihre Zelte ab. Sie packen alles auf den Esel und auf die Kamele. Du bist ganz müde. Langsam verlässt du die Wüste. Die Hitze verschwindet. Deine Augen hören auf, vom Sonnenlicht zu brennen. Langsam kommst du in deiner Klasse wieder an. Bewege deine Finger. Du spürst den Tisch. Bewege deine Füße. Du spürst den Boden unter dir. Langsam wirst du wach. Öffne deine Augen. Setze dich gerade hin. Recke und strecke dich. Hole tief Luft. Jetzt bist du wieder ganz wach.

3. L.: „Ihr seid gerade in das Land von Abraham und Sara gereist. Erzählt von eurer Reise.“
   Impulse:
   - Wie sieht das Land aus, in dem Abraham und Sara leben?
   - Wie sind die Menschen gekleidet? Warum?
   - Wo wohnen die Menschen?
   - Was weißt du über die Zelte?
   - Wie nennt man diese Menschen, die in den Zelten leben?
   - Warum bleiben die Nomaden nie lange an einem Ort?

Arbeitsauftrag (PA oder GA)
- Malt die Aufstellbilder auf dem **Arbeitsblatt M1** aus.
- Schneidet die Aufstellbilder aus.
- Klebt die Aufstellbilder auf ein Plakat.

1. L.: „Warum ist ein Teil der Pappe gelb und der andere Teil blau?“
   Antwort: Gelb steht für die Wüste, Blau steht für den Himmel.
2. L.: „Gibt es noch Fragen zu der Aufgabe?“
   L. bittet einen S., die Aufgabe in seinen eigenen Worten zu wiederholen.

Arbeitsphase (20 Minuten)
SuS bearbeiten in PA oder GA die Aufgabe.

Reflexion (5 Minuten)
1. SuS stellen ihre Arbeitsergebnisse vor.
2. L.: „In der nächsten Stunde lernt ihr Abraham und Sara kennen.“

Ritual
Lied, Kerze

M1 So lebten Abraham und Sara

1. 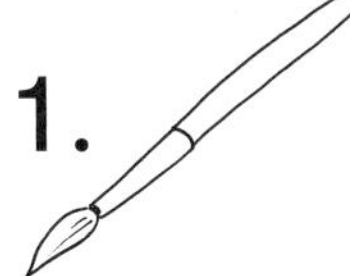

2. 

3. 

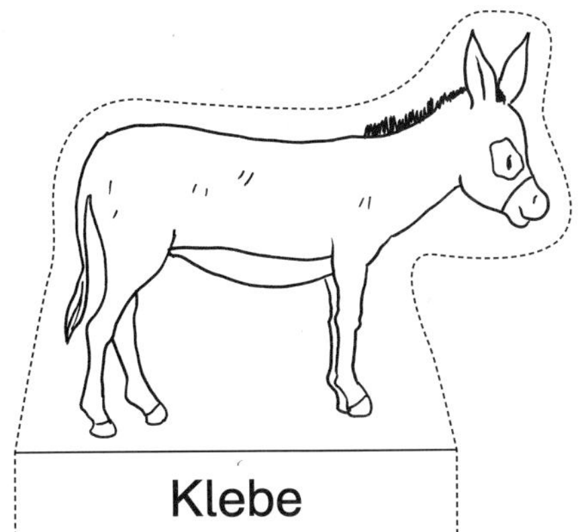

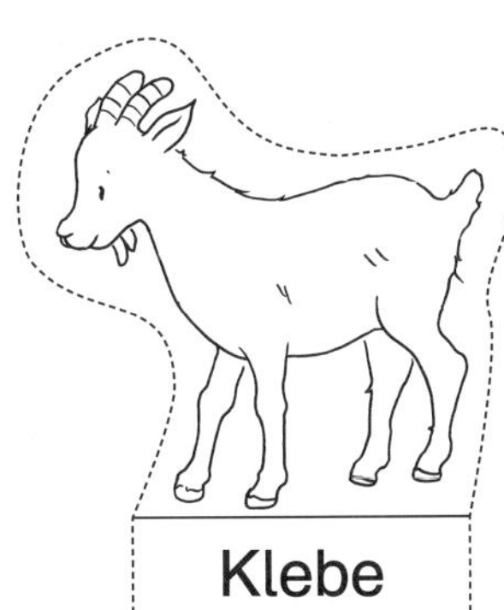

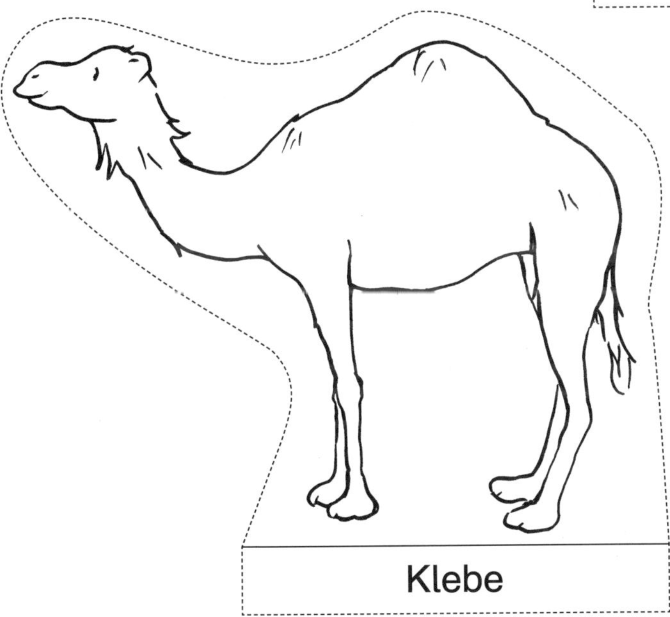

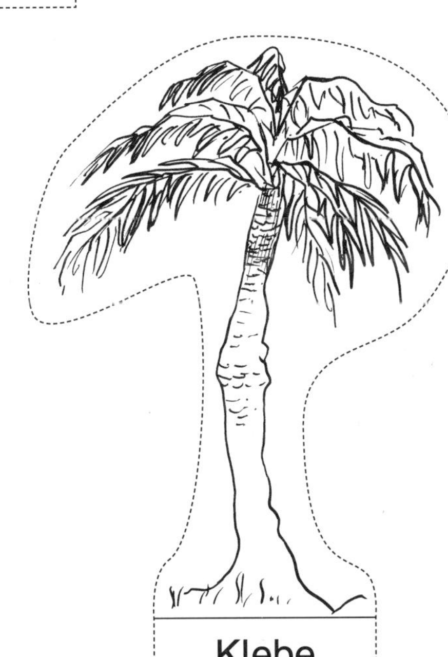

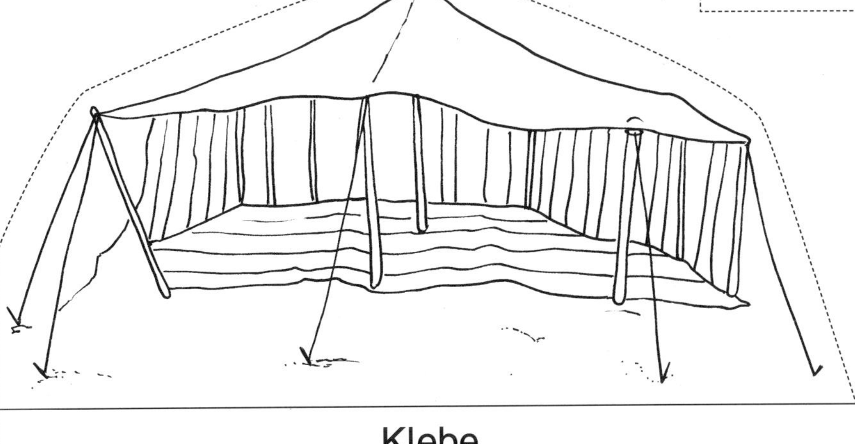

2. Stunde: Abraham und Sara bekommen einen Auftrag

Intention und Material

Intention
Die SuS sollen
- die biblischen Personen Abraham und Sara kennenlernen.
- erfahren, dass Abraham und Sara von Gott aufgefordert werden, ihr Land zu verlassen (1. Mose 12, 1–4a).
- erkennen, dass loslassen schwerfällt.

Material
Erzähltheater (Kamishibai), **Bilder M2–M5**, **AB M6**

Aufbau der Unterrichtsstunde

Einstieg (10 Minuten)
1. L. oder S. flüstert die SuS in den Erzählkreis.
2. Erstellung des Stundenwegweisers mithilfe von Bildern. Diese Bilder finden Sie auf den Seiten 5 bis 10 in diesem Buch.
   - Erzählkreis
   - Ritual: Kerze anzünden
   - Lied (z. B. „Lasst uns miteinander", S. 89)
   - Überlegen (SuS erinnern und wiederholen den Inhalt der letzten Religionsstunde)
   - Erzählen
   - Einzelarbeit
   - Lied (z. B. „Halte zu mit, guter Gott", S. 87)
   - Ritual: Kerze auspusten

Hinführung (12 Minuten)
1. L. regt die SuS zum Überlegen an.
2. SuS wiederholen den Inhalt der letzten Stunde.
3. Ggf. zusätzliche Impulse:
   - Ihr seid in euren Gedanken in ein fremdes Land gereist.
   - Wie sah es dort aus? (Antwort: Wüste)
   - Wie waren die Menschen in dem fremden Land gekleidet? Warum? (Antwort: Kopftücher, lange Kleider, wegen der Hitze)
   - Wie hießen die Menschen? (Antwort: Nomaden)
   - Wo lebten die Nomaden? (Antwort: Zelte)
   - Wofür benötigten sie einen Esel? (Antwort: Die Nomaden zogen auf der Suche nach Weideplätzen für ihre Tiere durchs Land.)
4. L.: „Toll! Ihr habt in der letzten Stunde gut aufgepasst und zugehört. Und das hat Abraham auch gemacht. Von ihm und seiner Frau Sara werde ich euch jetzt erzählen. Hört gut zu. Am Ende der Geschichte werde ich euch Fragen zum Gehörten stellen."
5. L. arbeitet mit Kamishibai und liest Text „Abraham und Sara" vor.

Abraham und Sara (nach 1. Mose 12, 1–4a)
L. zeigt **Bild M2**.
Abraham und seine Frau Sara sind Nomaden. Abraham ist ein alter Mann, dem viele Ziegen, Schafe und Esel gehören.
Abraham und Sara haben alles, was sie zum Leben brauchen. Nur ein Kind fehlt ihnen noch zum ganz großen Glück.
Sara sagt immer: „Ach Abraham, ich wünsche mir immer noch ein Kind. Ich bin traurig, dass wir kein Kind haben. Aber sonst geht es uns gut."
L. zeigt **Bild M3**.
Eines Abends bemerkt Sara, dass Abraham nachdenklich in die Ferne schaut.
L. zeigt **Bild M4**.
„Worüber denkst du nach, Abraham?", will sie wissen.
Abraham schaut Sara an: „Als ich vor ein paar Tagen nachts vor unserer Hütte stand, spürte ich auf einmal einen warmen Wind und hörte eine Stimme, die wie ein leiser Windhauch klang. Die Stimme sagte zu mir: „Abraham, geh mit Sara fort. Lass deine Hütte, dein Land und deine Verwandten zurück. Ziehe in ein Land, das ich dir zeigen will!"
Sara ist erschrocken: „Welche Stimme? Warum sollen wir unsere Hütte, unser Land, unsere Verwandten verlassen? Es geht uns gut hier."
„Wegen des Versprechens", flüstert Abraham.
„Welches Versprechen?", will Sara wissen.
Abraham spricht weiter: „Die Stimme sagte auch noch: Ich habe ein Land für dich. Dort soll aus dir und deinen Kindern ein großes Volk werden. Ich will dich beschützen."

Jetzt ist Sara völlig sprachlos. Sie sieht Abraham fragend an: „Wer ist es, dessen Stimme du gehört hast?“ Leise antwortet Abraham: „Es ist Gottes Stimme. Ich fühle, dass Gott bei mir war. Deshalb kann ich diese Stimme nicht mehr vergessen.“

L. zeigt **Bild M5**.

Sara nimmt Abraham an die Hand und flüstert ihm zu: „Vertraust du Gott? Willst du gehen?“ „Ja“, sagt Abraham. Sara nickt: „Dann will ich mit dir gehen. Gott wird uns den richtigen Weg zeigen.“

6. L. stellt Fragen zum Gehörten:
   - Was habt ihr über Abraham und Sara erfahren?
   - Abraham bekommt einen Auftrag. Welchen?
   - Wie findet Sara das?
7. L.: „Seid ihr auch schon einmal weggezogen? Wie habt ihr euch gefühlt?“

Arbeitsauftrag (EA):
Arbeite mit dem **Arbeitsblatt M6**.
- Überlege: Was nimmst du mit, wenn du umziehst?
- Wichtig: Die Sachen müssen in einen Koffer passen.
- *Sonnenaufgabe:* Was nehmen wohl Abraham und Sara mit?
- Wichtig: Die Sachen müssen in eine Eselstasche passen.

L.: „Gibt es noch Fragen zu der Aufgabe?“
L. bittet einen S., die Aufgabe in seinen eigenen Worten zu wiederholen.

Arbeitsphase (15 Minuten)
SuS bearbeiten den Arbeitsauftrag in EA (**Arbeitsblatt M6**).

Reflexion (8 Minuten)
Klassenverband

Reflexionsauftrag
L.: „Fiel es euch schwer, euch auf das Wesentliche zu begrenzen? Warum? So ist es Abraham und Sara auch gegangen.“
SuS stellen ihre Arbeitsergebnisse vor.

Ausblick
L.: „Abraham kann Gottes Stimme nicht vergessen. Er will gehen und tun, was Gott ihm gesagt hat. In der nächsten Stunde geht es um Vertrauen.“

Ritual
Lied, Kerze

Was nimmst du mit, wenn du umziehen würdest?

Male und schreibe in und um den Koffer: Was nimmst du mit, wenn du umziehen würdest?
Wichtig: Die Sachen müssen in einen Koffer passen.

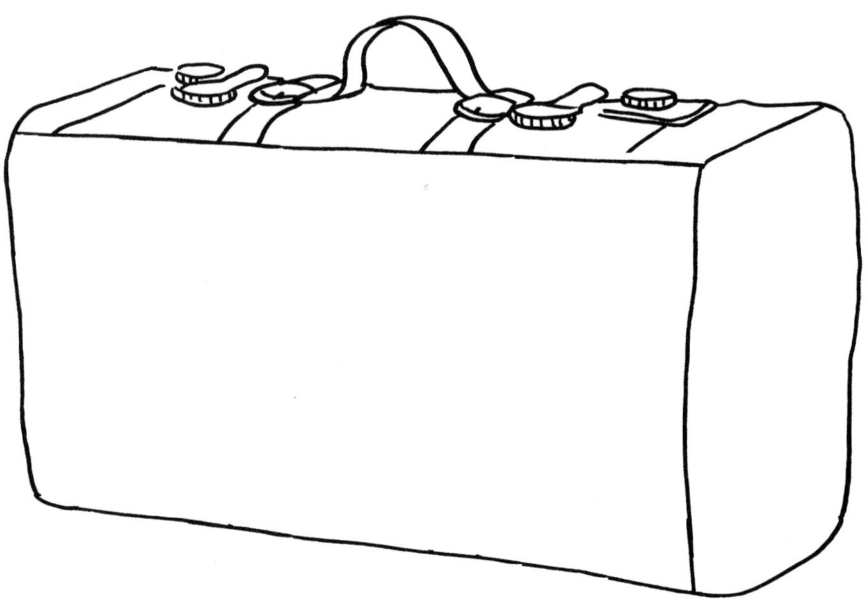

Was nehmen Abraham und Sara wohl mit?
Wichtig: Die Sachen müssen in eine Eselstasche passen.

Nina Hensel: Was hat die Bibel mit mir zu tun? – 1./2. Klasse

3. Stunde: Vertrauen auf Gott

Intention und Material

Intention
Die SuS sollen
- anhand von Vertrauensspielen lernen, sich selbst, Gott und anderen Menschen zu vertrauen.

Material
Tuch zum Zubinden der Augen

Aufbau der Unterrichtsstunde

Einstieg (10 Minuten)
1. L. oder S. flüstert die SuS in den Erzählkreis.
2. Erstellung des Stundenwegweisers mithilfe von Bildern. Diese Bilder finden Sie auf den Seiten 5 bis 10 in diesem Buch.
   - Erzählkreis
   - Ritual: Kerze anzünden
   - Lied (z. B. „Lasst uns miteinander", siehe S. 89)
   - Ideen sammeln
   - Partnerarbeit – Vertrauensspiele
   - Lied (z. B. „Halte zu mir, guter Gott"; siehe S. 87)
   - Ritual: Kerze auspusten

Hinführung/Arbeitsphase (25 Minuten)
1. L.: „Was habt ihr in der letzten Stunde über Abraham und Sara erfahren?
   Antwort: Abraham hat etwas gehört.
   L.: „Wer hat zu Abraham gesagt, dass er aus seinem Land fortgehen und alles zurücklassen soll?"
   Antwort: Gott.
   L.: „Warum geht Abraham fort aus seinem Land?"
   Antwort: Abraham vertraut Gott.
   In der heutigen Stunde geht es um Vertrauen. Ihr werdet gleich mit einem Partner Vertrauensspiele machen. Anschließend möchte ich mit euch darüber reden, wie ihr euch dabei gefühlt habt."

Das erste Spiel heißt: Ich führe dich
Kind A führt Kind B durch die Klasse. Die Augen von Kind B sind dabei verbunden.
Kind B führt Kind A durch die Klasse. Die Augen von Kind A sind dabei verbunden.
Wichtig: So führen, dass der Geführte nirgendwo anstößt.

Das zweite Spiel heißt: Ich fang dich auf
Kind lässt sich mit ausgestreckten Armen nach hinten fallen. Die anderen Kinder fangen es auf.
Hinweis: Das Spiel ist freiwillig.

Reflexion (10 Minuten)
1. L.: „Ihr habt soeben zwei Spiele kennengelernt. Für beide Spiele braucht man Vertrauen. Wie habt ihr euch bei den Spielen gefühlt? Warum seid ihr mitgegangen?"
2. L.: „Ihr musstet bei den Spielen euren Mitschülern vertrauen. Wem beim ersten/zweiten Spiel?"
3. L.: „Auch Abraham musste vertrauen. Wem hat er vertraut? Wem hat Sara vertraut?"

Ausblick
L.: „In der nächsten Stunde erfahrt ihr, wie es mit Abraham weitergeht."

Ritual
Lied, Kerze

4. Stunde: Abraham unter dem Sternenhimmel

Intention und Material

Intention
Die SuS sollen
- Gottes Versprechen an Abraham und Sara kennenlernen (1. Mose 15, 5.6).
- erkennen, dass Abraham Gott uneingeschränkt glaubt und vertraut.

Material
Erzähltheater (Kamishibai), Klebesterne oder gelbe Klebepunkte, **Bilder M7**, **M8**, **AB M9**

Aufbau der Unterrichtsstunde

Einstieg (10 Minuten)
1. L. oder S. flüstert die SuS in den Erzählkreis.
2. Erstellung des Stundenwegweisers mithilfe von Bildern. Diese Bilder finden Sie auf den Seiten 5 bis 10 in diesem Buch.
   - Erzählkreis
   - Ritual: Kerze anzünden
   - Lied (z. B. „Lasst uns miteinander“, siehe S. 89)
   - Überlegen
   - Erzählen
   - Einzelarbeit
   - Lied (z. B. „Halte zu mir, guter Gott“; siehe S. 87)
   - Ritual: Kerze auspusten

Hinführung (18 Minuten)
1. L.: „Was haben wir in der letzten Religionsstunde gemacht? Das erste und das zweite Spiel konntet ihr nur machen, wenn ihr vertraut.“
2. L.: „Auch Abraham stand vor der Wahl: Gehe ich in ein fremdes Land und lasse meine Freunde und alles, was ich kenne zurück, oder bleibe ich? Heute erfahrt ihr, wie die Geschichte von Abraham weitergeht.
   Was denkt ihr: Geht Abraham mit Sara in ein fremdes Land? Warum?/Warum nicht?“
3. L.: „Hört gut zu, wie die Geschichte weitergeht. Ich stelle euch am Ende Fragen zum Gehörten.“
   L. arbeitet mit Kamishibai und liest den Text „Abraham unter dem Sternenhimmel“ vor.

   Abraham unter dem Sternenhimmel (nach: 1. Mose 15, 5.6)
   L. zeigt **Bild M7**.
   Abraham und Sara brechen auf in ein fremdes Land. Sie wandern mit ihrem Hirten und den Tieren oft mehrere Tage, bis sie eine neue Weide, frisches Wasser und Nahrung finden. Der Weg durch die Wüste ist schwer. Überall gibt es nur Sand und Steine. Kaum ist etwas Grünes zu finden. So wandern sie viele Jahre im Vertrauen auf Gott.
   L. zeigt **Bild M8**.
   Abraham und Sara sind nun schon sehr, sehr alt. Aber Sara wünscht sich noch immer ein Kind. Eines Nachts, als Abraham und Sara in ihrem Zelt liegen, hört Abraham wieder die Stimme. Er geht hinaus aus dem Zelt und hört: „Abraham! Sieh hinauf zu den Sternen am Himmel!“ Abraham reckt den Kopf nach oben und am schwarzen Nachthimmel erblickt er Sterne. „Kannst du sie zählen?“, fragt die Stimme. Abraham schaut noch immer an den Himmel und erblickt mehr und mehr Sterne. „Nein“, sagt Abraham, „zählen kann ich sie nicht.“ Da spricht die Stimme: „Und genauso unzählbar werden deine Nachkommen sein. Du wirst einen Sohn haben. Und deine Kinder werden wieder Kinder bekommen. Und euer Volk wird groß werden, so zahlreich wie die Sterne am Himmel.“
4. L. stellt Fragen zum Gehörten:
   - Was habt ihr gehört?
   - Warum geht Abraham aus seinem Zelt?
   - Wer spricht zu Abraham?
   - Warum blickt Abraham in den Sternenhimmel?
   - Was sagt Gott zu Abraham?
5. L.: „Das ist ein großes Versprechen, das Gott Abraham gibt. Hört zu, was eure Aufgabe ist.“

Arbeitsauftrag (EA)
SuS bearbeiten das **Arbeitsblatt M9**.
1. Male mit Buntstift den schwarzen Nachthimmel.
2. Klebe viele Sterne in den Nachthimmel.

Sonnenaufgabe (als PA)
Abraham bekommt von Gott ein Versprechen. Was könnte Abraham zu Gott sagen? Schreibe es in die Sprechblasenblätter und klebe sie auf das Bild.
L.: „Gibt es noch Fragen zu der Aufgabe?“
L. bittet einen S., die Aufgabe in seinen eigenen Worten zu wiederholen.

Arbeitsphase (10 Minuten)
SuS bearbeiten den Arbeitsauftrag in EA.

Reflexion (8 Minuten)
Vorstellen der Arbeitsergebnisse

Ausblick
L.: „In der nächsten Stunde erfahrt ihr, wie es mit Abraham weitergeht.“

Ritual
Lied, Kerze

Abraham unter dem Sternenhimmel

1. Male mit Buntstift den dunklen Nachthimmel.
2. Klebe viele Sterne in den Nachthimmel.

Abraham bekommt von Gott ein großes Versprechen.
Was könnte Abraham zu Gott sagen?

Versprechen Gottes an Abraham (nach 1. Mose 15, 5):
„Und genauso unzählbar werden deine Nachkommen sein.
Du wirst einen Sohn haben. Und deine Kinder werden wieder Kinder bekommen. Und euer Volk wird groß werden, so zahlreich wie die Sterne am Himmel."

5. Stunde: Abraham und Sara erhalten eine Botschaft

Intention und Material

Intention
Die SuS sollen
- den Fortgang der Geschichte erfahren (1. Mose 18, 1–15).
- erkennen, dass Gott sein Versprechen wiederholt.
- Saras Zweifel an Gottes Versprechen wahrnehmen.

Material
Erzähltheater (Kamishibai), Overheadprojektor, **Bilder M10–M13**

Aufbau der Unterrichtsstunde

Einstieg (10 Minuten)
1. L. oder S. flüstert die SuS in den Erzählkreis.
2. Erstellung des Stundenwegweisers mithilfe von Bildern. Diese Bilder finden Sie auf den Seiten 5 bis 10 in diesem Buch.
   - Erzählkreis
   - Ritual: Kerze anzünden
   - Lied (z. B. „Lasst uns miteinander"; siehe S. 89)
   - Überlegen: Sternenhimmelmeditation
   - Erzählen
   - Gruppenarbeit
   - Lied (z. B. „Halte zu mir, guter Gott"; siehe S. 87)
   - Ritual: Kerze auspusten

Hinführung (18 Minuten)
Erzählkreis, Kamishibai

Sternenhimmelmeditation
Der Raum wird verdunkelt, die SuS gucken nach oben. Wenn man ein (mit einer Bleistiftspitze) durchlöchertes, großes Papier auf den Overheadprojektor legt und den Spiegel ganz nach oben richtet (OHP schräg stellen), entsteht an der Zimmerdecke ein wunderschöner Sternenhimmel. Dazu leise meditative Musik.

1. L.: „Was seht ihr? Was hat der Sternenhimmel mit der Geschichte von Abraham und Sara zu tun? Heute möchte ich euch erzählen, wie die Geschichte weitergeht."
2. L. arbeitet mit Kamishibai und liest Text: „Die drei Männer" (1. Mose 18, 1–15) vor.

Die drei Männer (nach 1. Mose 18, 1–15)
L. zeigt **Bild M10**.
Seitdem Gott Abraham den Sternenhimmel gezeigt hat, ist eine lang Zeit vergangen. Ab und zu denkt Abraham noch daran. Inzwischen sind Abraham und Sara im versprochenen Land angekommen. Hier geht es ihnen gut. Aber sie sind schon sehr alt und Kinder haben sie leider immer noch nicht. Das macht besonders Sara sehr traurig.

L. zeigt **Bild M11**.
Eines Tages sitzt Abraham vor seinem Zelt, als er drei Männer kommen sieht. Abraham steht auf und begrüßt die Männer: „Seid gegrüßt. Ihr habt bestimmt Hunger und Durst. Setzt euch doch zu mir in den Schatten und ruht euch ein wenig aus. Ich werde euch etwas Kuchen und Wasser bringen."

L. zeigt **Bild M12**.
Sie essen und trinken. Einer der Männer fragt Abraham: „Abraham, wo ist deine Frau Sara?" „Sie ist im Zelt", antwortet Abraham erstaunt. Woher wussten die Fremden den Namen seiner Frau?
„Ich habe eine gute Nachricht für dich", erzählt der Fremde weiter, „nächstes Jahr um diese Zeit werdet ihr, Sara und du, Eltern. Sara wird einen Sohn zur Welt bringen."
Abraham schaut den Fremden mit großen Augen an. Einen Moment kommt ihm alles wie ein Traum vor. Auch Sara hört durch das dünne Zelt, was der Fremde sagt. „Ich", kichert sie leise in sich hinein, „ich soll ein Kind bekommen? In meinem Alter wird man höchstens Oma, aber nicht mehr Mutter!"

L. zeigt **Bild M13**.
Kaum hat Sara diesen Gedanken zu Ende gedacht, hört sie, wie der Fremde Abraham fragt: „Warum lacht deine Frau? Traut sie es Gott etwa nicht zu, dass er ihr einen Sohn schenken wird? Ihr werdet sehen, dass ich Recht habe."

Erschrocken kommt Sara aus dem Zelt heraus und sagt: „Ich habe nicht gelacht, Fremder." „Doch, du hast gelacht", erwidert der Fremde. Beschämt schaut Sara zu Boden.
Da ahnen Sara und Abraham, wer sie besucht hat.

3. L. stellt Fragen zum Gehörten:
   - Was meint ihr, wer hat diese Männer geschickt?
   - Was kündigt der Fremde an?
   - Warum kichert Sara, als sie hört, was der Fremde zu Abraham sagt?

Arbeitsauftrag (GA)

1. L.: „Spielt die Geschichte in einem Rollenspiel nach."
   Wichtig: Gefühlslage Saras (Unglaube, Zweifel) vorab herausarbeiten.
2. L.: „Gibt es noch Fragen zu der Aufgabe?"
   L. bittet einen S., die Aufgabe in seinen eigenen Worten zu wiederholen.

Arbeitsphase (10 Minuten)
SuS stellen in GA die Geschichte „Die drei Männer" nach.

Reflexion (7 Minuten)
Vorstellen erster Arbeitsergebnisse

Ausblick
L.: „In der nächsten Religionsstunde dürfen auch die anderen Gruppen ihre Ergebnisse vorstellen. Auch erfahrt ihr, ob Gott sein Versprechen hält."

Ritual
Lied, Kerze

6. Stunde: Isaaks Geburt

Intention und Material

Intention
Die SuS sollen
- erfahren, dass Gott sein Versprechen einhält (1. Mose 21, 1.3).
- erfahren, dass Saras Zweifel mit ihrer Schwangerschaft und Geburt Isaaks ausgeräumt und ihr Vertrauen in Gott gestärkt werden.

Material
Erzähltheater (Kamishibai), Spiegelbuch (Aufklappbare schwarze Pappe in DIN A4. Als Deckblatt dient das Bild von Abraham unterm Sternenhimmel (**M16**). Innen ist eine Spiegelfolie eingeklebt.). **Bilder M14–M17**
Hinweis: Bitte Zeit zum Basteln der Spiegelbücher einplanen.

Aufbau der Unterrichtsstunde

Einstieg (10 Minuten)
1. L. oder S. flüstert die SuS in den Erzählkreis.
2. Erstellung des Stundenwegweisers mithilfe von Bildern. Diese Bilder finden Sie auf den Seiten 5 bis 10 in diesem Buch.
   - Erzählkreis
   - Ritual: Kerze anzünden
   - Lied (z.B. „Lasst uns miteinander“; siehe S. 89)
   - Überlegen
   - Erzählen
   - Einzelarbeit/Forscherauftrag: Wer ist Gottes Wunschkind?
   - Lied (z.B. „Halte zu mir, guter Gott“; siehe S. 87)
   - Ritual: Kerze auspusten

Hinführung (15 Minuten)
Erzählkreis, Kamishibai
1. L.: „Ihr werdet heute erfahren, wie die Geschichte von Abraham und Sara endet, und erkennen, dass Vertrauen in Gott sich lohnt. Was habt ihr bis jetzt über Abraham und Sara erfahren? Schaut euch die Bilder an und erzählt dazu.“
   L. zeigt Bilder von Abraham und Sara aus den vergangenen Stunden.
2. L.: „Ich erzähle euch jetzt, wie die Geschichte weitergeht. Hört gut zu. Am Ende der Geschichte stelle ich euch Fragen zum Gehörten.“
   L. arbeitet mit Kamishibai und liest Text „Isaaks Geburt“ vor.

   Isaaks Geburt (nach 1. Mose 21, 1.3)
   L. zeigt **Bild M14**.
   Gott macht wahr, was er Sara und Abraham (≈ 100 Jahre alt) versprochen hat. Nur wenige Wochen nach dem Besuch der drei Fremden merkt Sara, dass sie ein Kind erwartet. Nach all den langen Jahren des Wartens und der Enttäuschung können Sara und Abraham ihr Glück kaum fassen. Sie werden endlich Eltern eines Kindes, Eltern eines Wunschkindes.
   L. zeigt **Bild M15**.
   Nun ist es so weit. Abraham hält seinen Sohn in den Armen. Den Sohn, den Gott ihm und seiner Frau Sara versprochen hat. Sie nennen ihn Isaak. Isaak bedeutet „Lachen“.

3. L. stellt Fragen zum Gehörten:
   - Isaak ist ein besonderes Geschenk. Warum?
   - Was sagt ihr dazu?
   - Was hatte Gott Abraham versprochen?
4. L.: „Gott hat Abraham und Sara ein Kind geschenkt. Gott hat ihr Vertrauen nicht enttäuscht. Es gibt aber noch mehr Wunschkinder – so viele wie Sterne am Himmel.“

Forscherauftrag (EA):
SuS arbeiten mit dem Spiegelbuch.
Arbeitsauftrag: Wer ist noch ein Wunschkind Gottes? Finde es mithilfe des Forscherbuches heraus (= Spiegelbuch) und male dein Ergebnis in den Stern (**M17**).

L.: „Gibt es noch Fragen zu der Aufgabe?“
L. bittet einen S., die Aufgabe in seinen eigenen Worten zu wiederholen.

Arbeitsphase (10 Minuten)
SuS bearbeiten in EA den Forscherauftrag.

Reflexion (10 Minuten)
1. SuS stellen ihre Arbeitsergebnisse vor.
2. L. klebt die Sterne der Kinder auf ein schwarzes Plakat. Unten auf dem Plakat ist Abraham abgebildet, wie er in den Sternenhimmel schaut.

Ritual
Lied, Kerze

4. Die großen christlichen Feste

4.1 Weihnachten – Gott kommt zu den Menschen (Mt 2, 1–12)

Die folgende Unterrichtsreihe umfasst insgesamt fünf Unterrichtsstunden.
In dieser Unterrichtsreihe sollen die Kinder durch die Geburtsgeschichte des Matthäusevangeliums von Menschen erfahren, die – von Gott angestoßen – Jesus suchen. Darüber hinaus sollen sie Jesus als den Herrn, den Retter und Heiland, den universalen König, den neuen und wahren König Israels kennenlernen.

1. Stunde: Die Weisen aus dem Morgenland

Intention und Material

Intention
Die SuS sollen
- die ersten zwei Verse der Weihnachtsgeschichte nach Matthäus (Mt 2, 1–2) kennenlernen.
- das Weihnachtsbüchlein kennenlernen und darin arbeiten (Seiten 3 und 4).
- ihre Kenntnisse über die Menschen zur Zeit Jesu auf die Weihnachtsgeschichte übertragen.

Material
Weihnachtliche Stempel, Weihnachtsberg (Abbildung siehe **M1**: Der Weihnachtsberg lässt sich einfach aus einigen Schuhkartons und Tüchern herstellen), Schatzkiste mit den Heiligen Drei Königen, Hirten und Schafen, (stehen keine Weihnachtsfiguren zur Verfügung, können Sie die Figuren aus **M4** verwenden), Weihnachtsbüchlein (Vorlage siehe **M5**), vier Kisten mit Stoffresten, **AB M2**, **M3**.
Hinweis: Bitte planen Sie Zeit zum Basteln des Weihnachtsbüchleins ein.

Aufbau der Unterrichtsstunde

Einstieg (10 Minuten)
1. L. oder S. flüstert die SuS in den Erzählkreis.
2. Erstellung des Stundenwegweisers mithilfe von Bildern. Diese Bilder finden Sie auf den Seiten 5 bis 10 in diesem Buch.
   - Erzählkreis
   - Ritual: Kerze anzünden (Jesus: „Ich bin das Licht der Welt“)
   - Lied (z. B. „Vom Anfang bis zum Ende“; siehe S. 91)
   - Beschreibung: Schatzkisten-Inhalt
   - Erzählen
   - EA: Weihnachtsbüchlein
   - Arbeitsplatz: Vorstellung der Arbeitsergebnisse
   - Lied (z. B. „Wir folgen dem Stern“; siehe S. 88)
   - Ritual: Kerze auspusten

Hinführung (20 Minuten)
Erzählkreis
Gestaltete Mitte: Weihnachtsberg und Schatzkiste mit Figuren der Weihnachtsgeschichte.
1. L.: „Ihr seht hier eine Landschaft. Es ist das Land Israel. Heute und in den nächsten Religionsstunden möchte ich euch eine Geschichte erzählen, die in Israel spielt.“
2. L.: „Die Menschen und Tiere, die in der Geschichte vorkommen, findet ihr nach und nach in dieser Schatztruhe. Schaut nach und beschreibt sie!“
   SuS holen die Figuren der Weihnachtsgeschichte aus der Schatzkiste und beschreiben sie.
   Ziel: Vorbereitung auf die Erzählung der ersten beiden Verse der Weihnachtsgeschichte nach Matthäus.
3. L.: „Hört gut zu. Am Ende stelle ich euch Fragen zum Gehörten.“
4. L. platziert die Erzählfiguren auf dem Weihnachtsberg und erzählt den Anfang der Weihnachtsgeschichte.

Weihnachtsgeschichte nach Mt 2, 1–2 (Teil 1)
L.: Um diese Figuren geht es heute: Es sind Weise, also schlaue Menschen, die den Himmel beobachten.

Weise betrachten die Sterne als Wegweiser:
- *Wann ist die beste Zeit zum Reisen?*
- *Soll die Heirat stattfinden?*
- *...*

Sie glauben, in den Sternen Antwort auf ihre Fragen und die Fragen anderer Leute zu finden.
Eines Tages sehen die Weisen am Himmel einen besonderen Stern.
„Seht da den Stern!“
„Nein, es sind drei Sterne, die eng zusammenstehen.“
„Das kann nur bedeuten, dass ein König geboren wurde.“
Ein neuer König kann aber eine Gefahr für das Land werden.
Die Weisen beschließen, dem Stern zu folgen und den neuen König aufzusuchen.

Aus dem Osten kommend, führt sie ihre Reise zunächst nach Jerusalem in Israel.
„Der Stern führt uns nach Israel. Es muss ein neuer König der Juden geboren sein.

5. L. legt die Sprechblasen (**M3**) nach und nach in die Mitte.
   „Lasst uns die Hirten fragen“, sagen die Weisen.
   „Wo finden wir den neugeborenen König?“
   „Wir wissen nichts von einem neugeborenen König“, antworten die Hirten.
   „Herodes ist doch unser König! Fragt doch im Palast nach!“, sagen die Hirten.
   „Wo geht es zum Palast?“, fragen die Weisen.
   „Dort entlang“, sagen die Hirten.

6. L.: „Die Weisen machen sich auf den Weg.“
7. L.: „Wie die Geschichte weitergeht, erfahrt ihr in der nächsten Religionsstunde.“
8. L. stellt Fragen zum Gehörten:
   - Was habt ihr gehört?
   - Die Weisen sehen etwas Besonderes. Was?
   - Die drei Sterne haben eine Bedeutung. Welche?
   - Wer ist König im Land Israel?
9. L.: „Setzt euch nun an eure Arbeitsplätze. Ihr bekommt dieses Büchlein (L. zeigt Weihnachtsbüchlein **M5**). Es soll die Geschichte, mit der wir heute begonnen haben, begleiten.
   Schreibt eure Namen in eure Weihnachtsbüchlein.
   Schaut es euch kurz an.
   Beschreibt, was ihr in dem Buch gefunden habt.“
10. Die SuS erkunden und beschreiben das Weihnachtsbüchlein.
11. L.: „Schlagt die Seiten 3 und 4 in euren Weihnachtsbüchlein auf.
    - Lest euch die Aufgabe leise durch.
    - Was ist gleich eure Aufgabe?
    - Welche Kleidung trugen die Menschen damals zur Zeit Jesu?

    L. stellt Stoffkisten an vier Stellen in der Klasse auf.

Arbeitsauftrag (EA)
Bearbeite die Seiten 3 und 4 in deinem Weihnachtsbüchlein.
L.: „Gibt es noch Fragen zu der Aufgabe?“
L. bittet einen S., die Aufgabe in seinen eigenen Worten zu wiederholen.

Arbeitsphase (10 Minuten)
SuS bearbeiten in EA den Arbeitsauftrag (bildnerisches Gestalten: Figuren, Tiere und Landschaft mit Stoff, buntem Papier und Stiften „einkleiden“.)
Ziel: Vergegenwärtigen der Erzählung, Anknüpfen an die vorhergehende Unterrichtsreihe „Menschen zur Zeit Jesu“.

Reflexion (5 Minuten)
L.: „Wer möchte sein Bild und vielleicht auch seine Sprechblase (Vorlage siehe **M2**) vorstellen?“
SuS stellen ihre gestalteten Bilder und ggf. ihre Sprechblasen vor.

Ausblick
L.: „In der nächsten Stunde erfahrt ihr, wie die Geschichte weitergeht.“

Ritual
Lied „Wir folgen dem Stern“ (Weihnachtsbüchlein Seite 13), Kerze auspusten

M1 Vorlage für den Bau des Weihnachtsberges

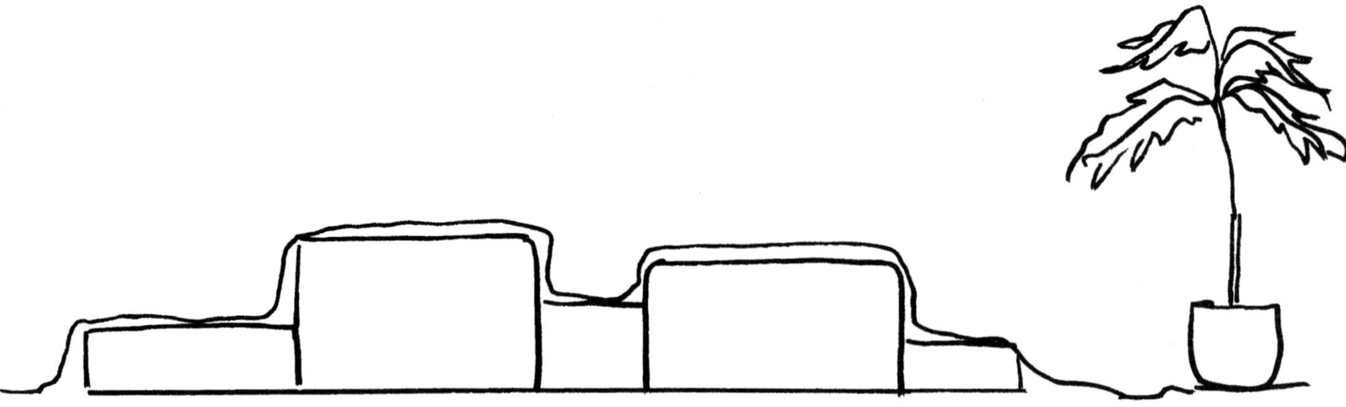

M2 Sprechblase

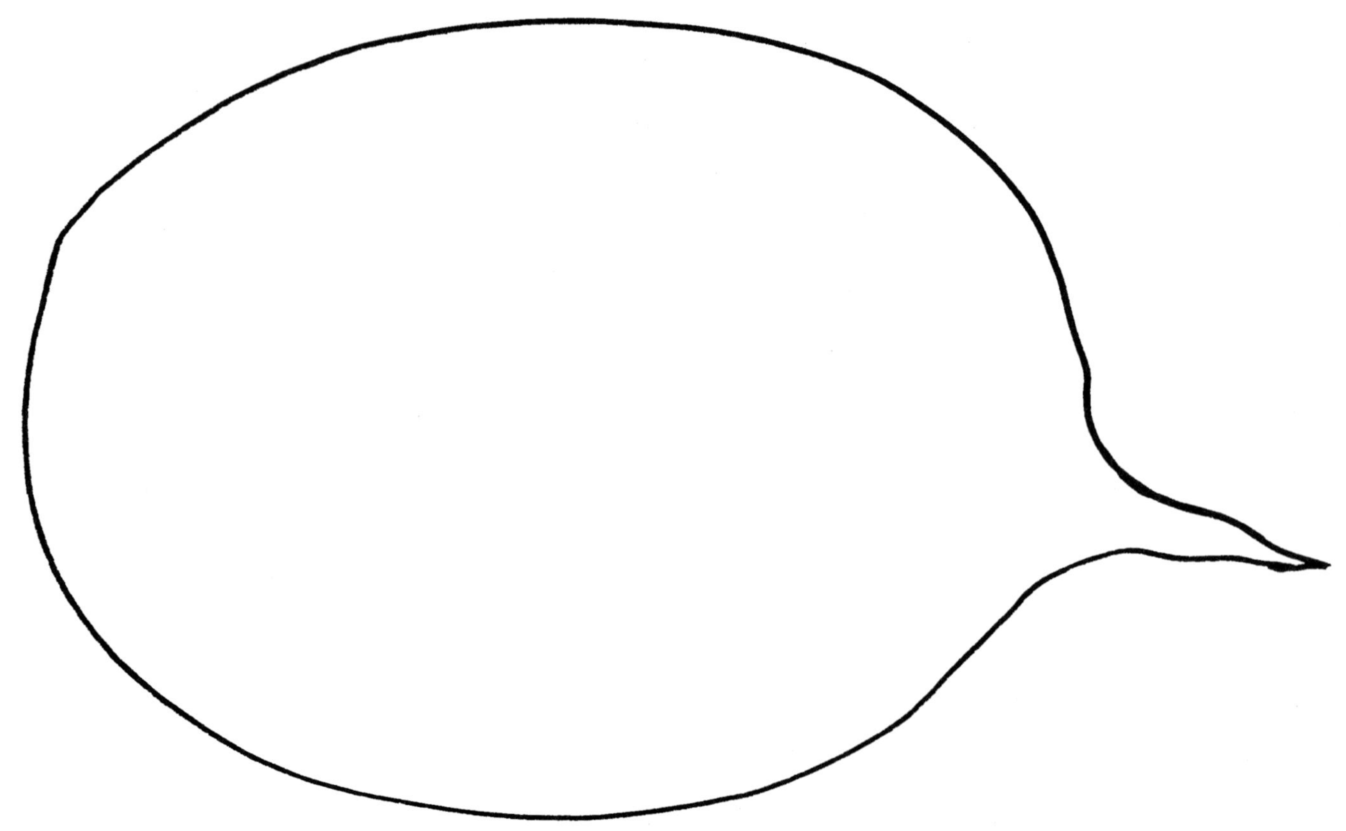

Lasst uns die Hirten fragen! ①

Wo finden wir den neugeborenen König der Juden? ②

Wir wissen nichts von einem neugeborenen König der Juden! ③

Herodes ist doch unser König! ④

Fragt doch im Palast nach! ⑤

Wo geht es denn zum Palast? ⑥

Dort entlang! ⑦

Weihnachtsfiguren

Hier hast du Platz, um ein Abschlussbild zur Weihnachtsgeschichte zu malen.

Aufgabe:
Gestalte das Deckblatt deines Weihnachtsbüchleins mithilfe der Stempel.

1

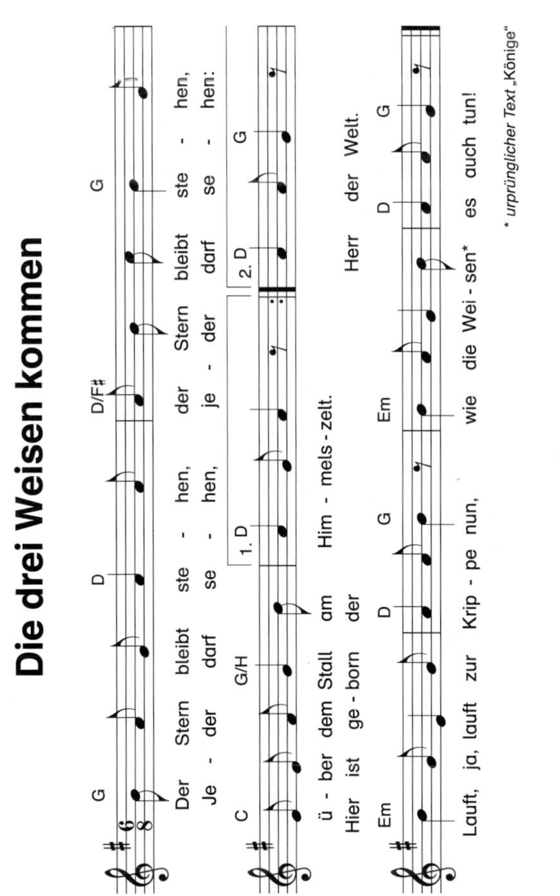

14

13

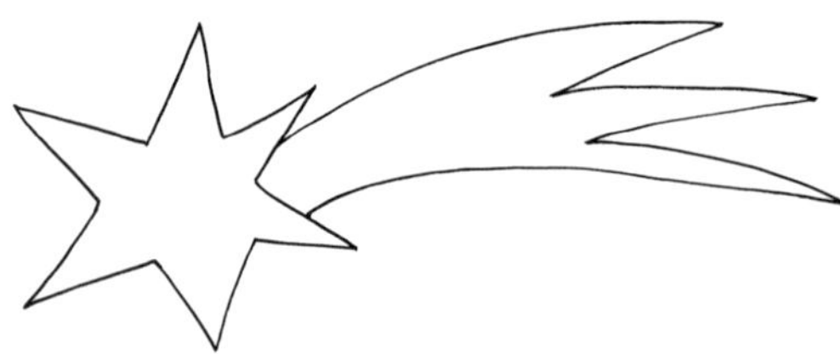

Dieses Weihnachtsbüchlein gehört:

____

2

„Als Jesus geboren war in Bethlehem in Judäa zur Zeit des Königs Herodes, siehe, da kamen Weise aus dem Morgenland nach Jerusalem und sprachen: Wo ist der neugeborene König der Juden? Wir haben einen Stern gesehen im Morgenland und sind gekommen, ihn anzubeten.“ (Mt 2, 1–2)

Aufgabe:
Gestalte die Szene: Kleide z. B. die Personen mit Stoff ein und färbe die Umgebung mit Buntstiften.

Schreibe Sprechblasen zu den Personen.

3

„Und Gott befahl ihnen im Traum,
nicht wieder zu Herodes
zurückzukehren;
und sie zogen auf einem anderen
Weg wieder in ihr Land.“
(Mt 2, 12)

12

Gruppenarbeit
(4 Kinder in einer Gruppe)

Aufgabe:
1. Verteilt die Rollen (Weise aus dem Morgenland, Interviewer).
2. Holt euch die Interviewkarten.
3. Führt das Interview.

11

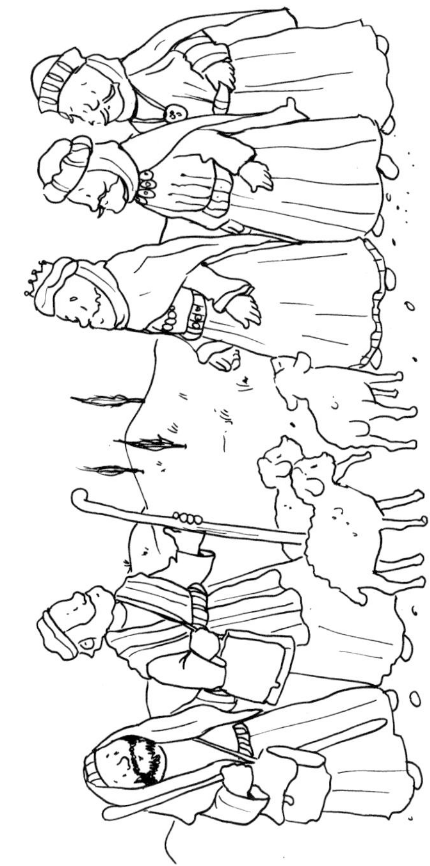

4

5

„Als sie nun den König gehört hatten, zogen sie hin. Und siehe, der Stern, den sie im Morgenland gesehen hatten, ging vor ihnen her, bis er über dem Ort stand, wo das Kindlein war. Als sie den Stern sahen, wurden sie hoch erfreut und gingen in das Haus und fanden das Kindlein mit Maria, seiner Mutter, und fielen nieder und beteten es an und taten ihre Schätze auf und schenkten ihm Gold, Weihrauch und Myrrhe.“ (Mt 2, 9–11)

Aufgabe:
1. Schneide das Bild entlang der gestrichelten Linie aus. Falte die Seiten des Bildes zur Bildmitte und klebe die Bildmitte in dein Buch.
2. Gib dem Bild eine Überschrift.

10

Gruppenarbeit
(4 Kinder in einer Gruppe)

7

„Da rief Herodes die Weisen heimlich zu sich und erkundete genau von ihnen, wann der Stern erschienen wäre, und schickte sie nach Bethlehem und sprach: Zieht hin und forscht fleißig nach dem Kindlein; und wenn ihr's findet, so sagt mir's wieder, dass ich komme und es anbete." (Mt 2, 7–8)

8

9

„Als das der König Herodes hörte, erschrak er und mit ihm ganz Jerusalem, und er ließ zusammenkommen alle Hohepriester und Schriftgelehrten des Volkes und erforschte von ihnen, wo der Christus geboren werden sollte. Und sie sagten ihm: In Bethlehem in Judäa; denn so steht geschrieben durch den Propheten: „Und du, Bethlehem im jüdischen Lande, bist keineswegs die kleinste unter den Städten in Juda; denn aus dir wird kommen der Fürst, der mein Volk Israel weiden soll." (Mt 2, 3–6)

Aufgabe:
Schreibe auf die Zeilen:
Was denkt Herodes, als er von der Geburt des Königs der Juden hört?

6

2. Stunde: Herodes' Angst

Intention und Material

Intention

Die SuS sollen
- die Verse 3 bis 6 der Weihnachtsgeschichte nach Matthäus (Mt 2, 1–12) kennenlernen.
- sich in Herodes hineinversetzen und seine Angst vor Entmachtung nachempfinden (Weihnachtsbüchlein Seiten 5 und 6).

Material

Weihnachtsberg mit eingeführten Figuren, Schatzkiste mit Herodes, Herodes' Palast, Weihnachtsbüchlein.

Aufbau der Unterrichtsstunde

Einstieg (10 Minuten)
1. L. oder S. flüstert die SuS in den Erzählkreis.
2. Erstellung des Stundenwegweisers mithilfe von Bildern. Diese Bilder finden Sie auf den Seiten 5 bis 10 in diesem Buch.
   - Erzählkreis
   - Ritual: Kerze anzünden
   - Lied (z. B. „Wir folgen dem Stern"; siehe S. 88)
   - Überlegen: Was bisher geschah ...
   - Beschreiben: Schatzkisten-Inhalt
   - Erzählen
   - Einzelarbeit: Weihnachtsbüchlein
   - Erzählkreis: Vorstellung der Arbeitsergebnisse
   - Lied (z. B. „Wir folgen dem Stern"; siehe S. 88)
   - Ritual: Kerze auspusten
3. L. (nach dem Singen des Liedes): „Das Lied hat etwas mit den letzten Religionsstunden zu tun." SuS äußern sich.

Hinführung (15 Minuten)

Erzählkreis
1. Gestaltete Mitte: Weihnachtsberg sowie Schatzkiste mit Figuren der Weihnachtsgeschichte
   S. beschreiben die Figuren in der Schatzkiste und stellen sie auf den Weihnachtsberg.
2. L.: „Ich möchte euch jetzt erzählen, wie die Geschichte (Teil 2) weitergeht. Hört gut zu. Am Ende stelle ich euch Fragen zum Gehörten."
   L. erzählt die Geschichte (Teil 2) mithilfe der Figuren weiter.

Weihnachtsgeschichte nach Mt 2, 1–12 (Teil 2)

Die Weisen gehen zum Palast des jüdischen Königs Herodes. Sie fragen nach dem neugeborenen König der Juden.
Wieder erhalten sie als Antwort:
„Wir wissen nichts von einem neugeborenen König der Juden!"
„Im Palast wurde kein Königskind geboren!"

Von seinen Dienern erfährt Herodes von den weisen Sterndeutern.
„Weise Sterndeuter waren im Palast."
„Sie haben nach einem neugeborenen König der Juden gefragt."
Als Herodes das hört, erschrickt er.

Herodes ruft:
„Lasst sofort alle Hohepriester und Schriftgelehrte des Volkes zu mir kommen. Ich muss wissen, wo ich den König finde. Sagt, wo finde ich den neugeborenen König der Juden, den Fürst?"
„In Bethlehem, im Gebiet Judäa", erhält er als Antwort.
Als Herodes hört, dass der neugeborene König in Bethlehem geboren wurde, erschrickt er erneut. Bethlehem. Aus Bethlehem soll der Fürst kommen, der das Volk Israel weiden soll. Diese Vorhersage eines Propheten kannte Herodes.
Und nun kommen tatsächlich weise Sterndeuter ins Land und fragen nach einem neuen König.

3. L.: „Wie die Geschichte weitergeht, erfahrt ihr in der nächsten Religionsstunde."
   L. stellt Fragen zum Gehörten:
   - Wohin gehen die Sterndeuter?
   - Warum gehen sie zum Palast des Königs Herodes?
   - Warum erschrickt Herodes, als er die Nachricht von der Geburt des Königs der Juden hört?
   - Wie heißt die Vorhersage eines Propheten, die Herodes kannte?
4. L.: „Geht leise und langsam zurück an eure Arbeitsplätze. Schlagt eure Weihnachtsbüchlein auf Seite 6 auf."

Arbeitsauftrag (EA):
L.: „Ihr sollt gleich die Aufgabe auf Seite 6 in euren Weihnachtsbüchlein bearbeiten. Wer liest die Aufgabe vor? Gibt es noch Fragen zu der Aufgabe?"
L. bittet einen S., die Aufgabe in seinen eigenen Worten zu wiederholen.

Arbeitsphase (10 Minuten)
SuS bearbeiten in EA den Arbeitsauftrag.

Reflexion (10 Minuten)
Erzählkreis
SuS stellen ihre Arbeitsergebnisse – Herodes' Gedanken – vor.

Ausblick
L: „In der nächsten Stunde erfahrt ihr, wie die Geschichte weitergeht."

Ritual
Lied, Kerze

3. Stunde: Im Palast des Königs Herodes – Herodes und die Weisen

Intention und Material

Intention
Die SuS sollen
- die Verse 7 und 8 der Weihnachtsgeschichte nach Matthäus (Mt 2, 1–12) kennenlernen.
- im Rollenspiel Herodes' List „herausarbeiten" (Weihnachtsbüchlein Seiten 7 und 8).

Material
Weihnachtsberg mit eingeführten Figuren, Regiekarten (Karteikarten o.Ä.), Weihnachtsbüchlein

Aufbau der Unterrichtsstunde

Einstieg (10 Minuten)
1. L. oder S. flüstert die SuS in den Erzählkreis.
2. Erstellung des Stundenwegweisers mithilfe von Bildern. Diese Bilder finden Sie auf den Seiten 5 bis 10 in diesem Buch.
   - Erzählkreis
   - Ritual: Kerze anzünden
   - Lied (z. B. „Wir folgen dem Stern"; siehe S. 88)
   - Überlegen: Was bisher geschah …
   - Erzählen
   - GA: Weihnachtsbüchlein
   - Arbeitsplätze: Vorstellung der Arbeitsergebnisse
   - Lied (z. B. „Wir folgen dem Stern"; siehe S. 88)
   - Ritual: Kerze auspusten
3. Gestaltete Mitte: Weihnachtsberg mit eingeführten Handlungsfiguren, Weihnachtsbüchlein Seite 4 und 5.
4. Stummer Impuls: L. zeigt auf Punkt 4 des Stundenwegweisers und auf den Weihnachtsberg. SuS äußern sich.

Hinführung (10 Minuten)
Erzählkreis
1. L.: „Ich möchte euch jetzt erzählen, wie die Geschichte (Teil 3) weitergeht. Hört gut zu. Am Ende stelle ich euch Fragen zum Gehörten."
2. L. erzählt die Geschichte (Teil 3) mithilfe der Figuren weiter.

Weihnachtsgeschichte nach Mt 2, 1–12 (Teil 3)
„Ein neuer König der Juden, geboren in Bethlehem. Was, wenn die Vorhersage des Propheten stimmt? Ich, Herodes, muss unbedingt mehr erfahren", sagt König Herodes. Herodes lässt die weisen Sterndeuter zu sich kommen. Er achtet darauf, dass kein anderer davon etwas mitbekommt.
„Sagt, wann ist euch der Stern erschienen?", fragt Herodes.
„Vor nicht allzu langer Zeit", antworten die Weisen. „Als wir ihn sahen, wussten wir, dass irgendwo ein besonderer Mensch, ein König, geboren sein musste. Der Stern hat uns hier nach Israel geführt."
„Ich muss wissen, wo das Kindlein ist. Sucht es und sagt mir, wenn ihr es gefunden habt. Ich will das Kind anbeten", sagt Herodes.
Die Weisen machen sich auf den Weg und folgen dem Stern weiter.

3. L. stellt Fragen zum Gehörten:
   - Warum lässt Herodes die weisen Sterndeuter zu sich kommen?
   - Warum will er, dass dies kein anderer mitbekommt?
   - Warum will Herodes wissen, wo das Kind ist? Will er es wirklich nur anbeten?
4. L.: „Geht leise und langsam zurück an eure Plätze. Schlagt eure Weihnachtsbüchlein auf Seite 7 auf."

Arbeitsauftrag (GA)

1. L. „Ihr sollt gleich die Aufgabe auf Seite 7 in euren Weihnachtsbüchlein bearbeiten. Wer liest die Aufgabe vor?"
2. L.: „Schreibt auf die Regiekarten: Was sagen die Personen? Die Regiekarten dürft ihr später beim Rollenspiel benutzen."
3. L.: „ Zur Gruppenbildung zählt ihr euch jetzt immer bis vier durch. Die Kinder mit der gleichen Zahl bilden jeweils eine Gruppe und setzen sich zusammen."
4. L.: „Gibt es noch Fragen zu der Aufgabe?"
   L. bittet einen S., die Aufgabe in seinen eigenen Worten zu wiederholen.

Arbeitsphase (10 Minuten)
SuS bearbeiten an Gruppentischen den Arbeitsauftrag auf Seite 7 in ihrem Weihnachtsbüchlein und üben das szenische Darstellen von Mt 2, 7–8.
Reflexion (15 Minuten)
Arbeitsplätze
Jede Gruppe stellt die Szene als Rollenspiel dar.

L.: „Gruppe 1 (2, 3, 4) stellt jetzt die heutige Geschichte als Rollenspiel dar. Die anderen Kinder achten auf Folgendes:
1. Was hat die Rollenspiel-Gruppe gut gemacht?
2. Was kann die Gruppe noch an ihrem Rollenspiel verbessern?"

Ausblick
L.: „In der nächsten Stunde erfahrt ihr, wie die Geschichte weitergeht."

Ritual
Lied, Kerze

4. Stunde: In Bethlehem im Stall

Intention und Material

Intention
Die SuS sollen
- die Verse 9 bis 11 der Weihnachtsgeschichte nach Matthäus (Mt 2, 1–12) kennenlernen.
- das Besondere des neugeborenen Königs (ein König, der im Stall und nicht in einem Palast geboren wird) erkennen (Weihnachtsbüchlein Seite 9/10).

Material
Weihnachtsberg mit eingeführten Figuren, **AB M6**, Weihnachtsbüchlein

Aufbau der Unterrichtsstunde

Einstieg (10 Minuten)
1. L. oder S. flüstert die SuS in den Erzählkreis.
2. Erstellung des Stundenwegweisers mithilfe von Bildern. Diese Bilder finden Sie auf den Seiten 5 bis 10 in diesem Buch.
   - Erzählkreis
   - Ritual: Kerze anzünden
   - Lied (z. B. „Wir folgen dem Stern"; siehe S. 88)
   - Überlegen: Was bisher geschah …
   - Erzählen
   - EA: Weihnachtsbüchlein
   - Arbeitsplatz: Vorstellung der Arbeitsergebnisse
   - Lied (z. B. „Die drei Weisen kommen"; siehe S. 85)
   - Ritual: Kerze auspusten

3. Gestaltete Mitte: Weihnachtsberg mit eingeführten Handlungsfiguren, Weihnachtsbüchlein Seite 7 und 8.
4. Stummer Impuls: L. zeigt auf Punkt 4 des Stundenwegweisers und auf den Weihnachtsberg. L. knüpft so an die letzte Stunde an.

Hinführung (15 Minuten)
Erzählkreis
1. L.: „Ich möchte euch jetzt erzählen, wie die Weihnachtsgeschichte weitergeht. Hört gut zu. Am Ende stelle ich euch Fragen zum Gehörten."
2. L. erzählt die Geschichte (Weihnachtsbüchlein S. 10 = Teil 4).

   Weihnachtsgeschichte aus Mt 2, 9–11 (Teil 4)
   „Als sie nun den König gehört hatten, zogen sie hin. Und siehe, der Stern, den sie im Morgenland gesehen hatten, ging vor ihnen her, bis er über dem Ort stand, wo das Kindlein war. Als sie den Stern sahen, wurden sie hoch erfreut und gingen in das Haus und fanden das Kindlein mit Maria, seiner Mutter, und fielen nieder und beteten es an und taten ihre Schätze auf und schenkten ihm Gold, Weihrauch und Myrrhe."

3. L. stellt Fragen zum Gehörten:
   - Was ist das Besondere dieses Kindes?
   - Wo werden Könige normalerweise geboren?
4. L.: „Geht leise und langsam zurück an eure Arbeitsplätze. Schlagt eure Weihnachtsbüchlein auf Seite 10 auf."

Arbeitsauftrag (EA)
SuS bearbeiten das **Arbeitsblatt M1**.
1. Schneide das Bild aus. Falte die Seiten des Bildes zur Bildmitte und klebe die Bildmitte in dein Weihnachtsbüchlein.
2. Gib dem Bild eine Überschrift.
   Sonnenaufgabe: Gestalte das Bild farbig.

1. L.: „Wer liest die Aufgabe vor?"
2. L.: „Gibt es noch Fragen zu der Aufgabe?"
   L. bittet einen S., die Aufgabe in seinen eigenen Worten zu wiederholen.

Arbeitsphase (15 Minuten)
SuS bearbeiten in EA die Aufgabe auf Seite 10 ihres Weihnachtsbüchleins mit **M6**.

Reflexion (5 Minuten)
Arbeitsplätze

SuS stellen ihre Arbeitsergebnisse vor.

Hausaufgabe
Aufgabe beenden.

Ausblick
L.: „In der nächsten Religionsstunde erfahrt ihr, wie die Geschichte endet."

Ritual
Lied, Kerze

Krippenbild

5. Stunde: Rückkehr ins Morgenland – S. führen ein Interview in verteilten Rollen (Interviewer, Heilige Drei Könige)

Intention und Material

Intention
Die SuS sollen
- den letzten Vers 12 der Weihnachtsgeschichte nach Matthäus (2, 1–12) kennenlernen.
- die zentralen Punkte der Weihnachtsgeschichte in Form eines Interviews wiederholen (Weihnachtsbüchlein Seiten 11 und 12).

Material
Weihnachtsberg mit eingeführten Figuren, Schatzkiste mit Maria, Josef, Jesuskind, Esel und Ochse, Krippe, mehrere kleine Dosen (diese können Sie – wenn gewünscht – mit dem Bild von **AB M7** bekleben), Weihnachtsbüchlein

Aufbau der Unterrichtsstunde

Einstieg (10 Minuten)
1. L. oder S. flüstert die SuS in den Erzählkreis.
2. Erstellung des Stundenwegweisers mithilfe von Bildern. Diese Bilder finden Sie auf den Seiten 5 bis 10 in diesem Buch.
   - Erzählkreis
   - Ritual: Kerze anzünden
   - Lied (z. B. „Wir folgen dem Stern“; siehe S. 88)
   - Überlegen: Was bisher geschah …
   - Beschreiben: Schatzkisten-Inhalt
   - Erzählen
   - GA: Interview
   - Arbeitsplatz: Vorstellung der Arbeitsergebnisse
   - Lied (z. B. „Die drei Weisen kommen“; siehe S. 85)
   - Ritual: Kerze auspusten
3. Gestaltete Mitte: Weihnachtsberg
4. Stummer Impuls: L. legt das Krippenbild (**M6** aus der vergangenen Stunde) auf den Weihnachtsberg.
5. ggf. weiterer Impuls:
   L.: „Überlegt: Dieses Bild hat etwas mit der letzten Religionsstunde zu tun.“
   SuS beschreiben, was sie auf dem Bild sehen, und knüpfen darüber an die letzte Religionsstunde an.

Hinführung (15 Minuten)
Erzählkreis
1. L.: „Ich möchte euch heute die Weihnachtsgeschichte zu Ende erzählen. Aber lasst uns zunächst in der Schatztruhe nachsehen, welche Figuren noch auf unserem Weihnachtsberg fehlen.“
   SuS holen nacheinander Maria, Josef, das Jesuskind in der Krippe, einen Esel und einen Ochsen aus der Schatzkiste und beschreiben sie.
2. L.: „Wo könntet ihr diese Figur auf dem Weihnachtsberg hinstellen?“
   SuS stellen Figuren auf den Weihnachtsberg.
3. L.: „So geht die Weihnachtsgeschichte (Teil 5) weiter. Hört gut zu. Am Ende stelle ich euch Fragen zum Gehörten.“
   L. erzählt die Weihnachtsgeschichte (Teil 5).

Weihnachtsgeschichte nach Mt 2, 1–12) (Teil 5)
Das Jesuskind liegt in der Krippe und schläft. Die drei Weisen aus dem Morgenland sehen es noch lange an. Irgendwann legen sie sich auch hin und schlafen müde ein.
Im Traum erscheint ihnen Gott. Er sagt:
- *„Geht nicht zurück zu Herodes!“*
- *„Geht auf einem anderen Weg als durch Jerusalem in euer Land zurück!“*

Am nächsten Morgen erzählen sie einander von ihrem Traum.
„Ja, auch mir ist Gott im Traum erschienen.“
„Wir sollen auf einem anderen Weg als durch Jerusalem in unser Land im Osten ziehen.“
„Dann lasst uns Gott gehorchen.“
Die drei Weisen aus dem Morgenland machen sich auf den Weg zurück in ihr Land. Dort angekommen, werden sie zu ihrem aufregenden Erlebnis befragt.

4. L. stellt Fragen zum Gehörten.
   - Warum gehen die Weisen nicht zurück zu Herodes?
   - Was machen sie am nächsten Tag?
5. L.: „Geht leise und langsam zurück an eure Plätze.“

Arbeitsauftrag (GA):
„Ihr sollt zu viert gemeinsam ein Interview führen:
1. Ein Kind ist Interviewer, die anderen Kinder sind die Weisen aus dem Morgenland.
2. Der Interviewer befragt die drei Weisen aus dem Morgenland nach ihrem aufregenden Erlebnis. Die Interviewfragen (siehe Arbeitsblatt **M7**) findet ihr in den Dosen, die jede Gruppe bekommt."

L: „Ihr habt für das Interview 15 Minuten Zeit. Die Aufgabe könnt ihr auch im Weihnachtsbüchlein auf Seite 11 nachlesen. Gibt es noch Fragen zu der Aufgabe?"
L. bittet einen S., die Aufgabe in seinen eigenen Worten zu wiederholen.

Arbeitsphase (10 Minuten)
SuS bearbeiten in GA die Aufgabe auf Seite 11 ihres Weihnachtsbüchleins.
SuS führen an den Gruppentischen ein Interview in verteilten Rollen.

Reflexion (10 Minuten)
Arbeitsplätze
Ein Kind steht als Interviewer vor der Klasse und interviewt die Heiligen Drei Könige (Rest der Klasse).

Ausblick
L.: „In der nächsten Stunde beginnen wir mit einem neuen Thema."

Ritual
Lied, Kerze

Woher wussten Sie, dass Sie diese Reise machen sollen?	War es nicht manchmal unheimlich? Besonders dann, wenn Sie nachts auf fremden Wegen gegangen sind?
Was haben Sie auf Ihre Reise mitgenommen?	Wie gefiel es Ihnen im Palast von König Herodes? War Herodes nett zu Ihnen?
Was haben Sie in Bethlehem gefunden?	Woher wussten Sie, dass das Kind ein „König“ ist?
Wie war Ihre Rückreise? Wer hat Ihnen gesagt, wie Sie zurückreisen sollen?	Was haben Sie sich für Ihre Rückkehr vorgenommen?
Warum sind Sie auf dem Rückweg nicht mehr bei König Herodes vorbeigegangen?	

4.2 Ostern – Aus dem Tod wächst neues Leben

Die folgende Unterrichtsreihe umfasst insgesamt fünf Unterrichtsstunden. In dieser Unterrichtsreihe sollen die Kinder Teile der Passionsgeschichte (Mk 11, 1–9 und Mk 15 in Auszügen) kennenlernen und ein Gespür dafür entwickeln, dass Jesus in der Verkündigung bzw. in der Erzählung weiterlebt.

1. Stunde: So feiern wir Ostern

Intention und Material

Intention
Die SuS sollen ihr Vorwissen zum Thema Ostern aktivieren.

Material
AB M1

Aufbau der Unterrichtsstunde

Einstieg (10 Minuten)
1. L. oder S. flüstert die SuS in den Erzählkreis.
2. Erstellung des Stundenwegweisers mithilfe von Bildern. Diese Bilder finden Sie auf den Seiten 5 bis 10 in diesem Buch.
   - Erzählkreis
   - Ritual: Kerze anzünden (Jesus: „Ich bin das Licht der Welt")
   - Lied (z. B. „Vom Anfang bis zum Ende"; siehe S. 90)
   - Ideen sammeln: Ostern
   - Einzelarbeit
   - Erzählkreis: Vorstellung der Arbeitsergebnisse
   - Lied (z. B. „Gottes Liebe ist so wunderbar"; siehe S. 86)
   - Ritual: Kerze auspusten

Hinführung (10 Minuten)
Tafel („Ostern" an die Tafel schreiben.)
Cluster

1. L.: „Bald ist Ostern. Ihr wisst bestimmt viel über Ostern."
   SuS berichten von ihren Erfahrungen.
2. L.: „Setzt euch nun an eure Arbeitsplätze zurück."

Arbeitsauftrag (EA)
Male und schreibe: So feiern wir zu Hause Ostern.
Sonnenaufgabe: Gestalte das Arbeitsblatt österlich.

L.: „Gibt es noch Fragen zu der Aufgabe?"
L. bittet einen S., die Aufgabe in seinen eigenen Worten zu wiederholen.

Arbeitsphase (15 Minuten)
SuS führen den Arbeitsauftrag in EA an ihrem Arbeitsplatz aus (Arbeitsblatt **M1**).

Reflexion (10 Minuten)
Erzählkreis
SuS stellen ihre Arbeitsergebnisse vor.

Ausblick
L.: „Ostern hat etwas mit Jesus zu tun. In den nächsten Religionsstunden werdet ihr dazu eine Geschichte kennenlernen."

Ritual
Lied, Kerze

So feiern wir zu Hause Ostern

2. Stunde: Jesus zieht in Jerusalem ein

Intention und Material

Intention
SuS sollen von der Freude über den Einzug Jesu in Jerusalem erfahren und die Freude nachvollziehen, indem sie über die Taten Jesu sprechen.

Material
Erzähltheater (Kamishibai), **Bilder M2–M6**, **AB M7**

Aufbau der Unterrichtsstunde

Einstieg (10 Minuten)
1. L. oder S. flüstert die SuS in den Erzählkreis.
2. Erstellung des Stundenwegweisers mithilfe von Bildern. Diese Bilder finden Sie auf den Seiten 5 bis 10 in diesem Buch.
   - Erzählkreis
   - Ritual: Kerze anzünden
   - Lied (z. B. „Vom Anfang bis zum Ende"; siehe S. 90)
   - Überlegen: So feiern wir zu Hause Ostern
   - Erzählen
   - EA
   - Erzählkreis: Arbeitsergebnisse
   - Lied (z. B. „Gottes Liebe ist so wunderbar"; siehe S. 86)
   - Ritual: Kerze auspusten
3. L. hängt das Arbeitsblatt **M1** der vorhergehenden Stunde an die Tafel. SuS wiederholen den Stundeninhalt.
4. Ggf. zus. L-Impuls: „Dieses Arbeitsblatt kennt ihr aus der letzten Religionsstunde."

Hinführung (10 Minuten)
Erzählkreis
1. L.: „Heute und in den nächsten Religionsstunden werdet ihr eine Jesusgeschichte kennenlernen, die zu Ostern gehört."
2. L. erzählt die Geschichte mithilfe des Kamishibais und den Bildern **M2** bis **M5** (nach Mk 11, 1–9):
   L. zeigt **Bild M3:**
   Jesus ist ein bekannter Mann.
   Er ist unterwegs nach Jerusalem.
   In Jerusalem wird ein Fest vorbereitet.
   Ein Fest wie unser Erntedankfest.
   Jesus wird erwartet.
   Bald soll er ankommen.
   L. zeigt **Bild M4:**
   Es ist nicht mehr weit bis nach Jerusalem.
   Jesus ruft zwei seiner Freunde zu sich und sagt zu ihnen:
   „Geht voraus in das Dorf!
   Dort findet ihr einen jungen Esel.
   Bindet ihn los und bringt ihn her.
   Wenn euch jemand fragt, dann sagt:
   Der Herr braucht ihn.
   Wir bringen ihn bald wieder zurück."
   L. zeigt **Bild M5:**
   Die Freunde holen den Esel und bringen ihn zu Jesus.
   L. zeigt **Bild M6:**
   Viele Menschen freuen sich auf Jesus. Sie überlegen eine Begrüßungsüberraschung für ihn. Von Palmen schneiden die Menschen Zweige ab. Da kommt Jesus. Er reitet auf einem Esel. Die Menschen schwingen die Palmzweige. Einige legen bunte Kleider auf den Weg. Sie rufen: „Hosianna! Wir grüßen unseren König!"
3. L.: „Viele Menschen freuen sich, dass Jesus nach Jerusalem kommt. Das kann man sehen und hören."
4. S.-Äußerungen abwarten.
5. Ggf. zus. L.-Impuls: „Woran sieht man, dass sich die Menschen freuen?"

Arbeitsauftrag (EA)
Gestalte das Bild (**M7**) von Jesus' Einzug nach Jerusalem farbig.
Schneide die Palmzweige und Kleider aus und klebe sie auf den Weg.
Sonnenaufgabe: Male den Menschen Sprechblasen. Schreibe hinein, was die Menschen Jesus bei seinem Einzug nach Jerusalem zurufen.

L.: „Gibt es noch Fragen zu der Aufgabe?"
L. bittet einen S., die Aufgabe in seinen eigenen Worten zu wiederholen.

Arbeitsphase (15 Minuten)
SuS führen den Arbeitsauftrag in EA an ihrem Arbeitsplatz aus.

Reflexion (10 Minuten)
Erzählkreis
SuS stellen ihre Arbeitsergebnisse vor.

Ausblick
L.: „Warum einige Menschen sich über Jesus' Kommen nicht freuen, erfahrt ihr in der nächsten Religionsstunde."

Ritual
Lied, Kerze

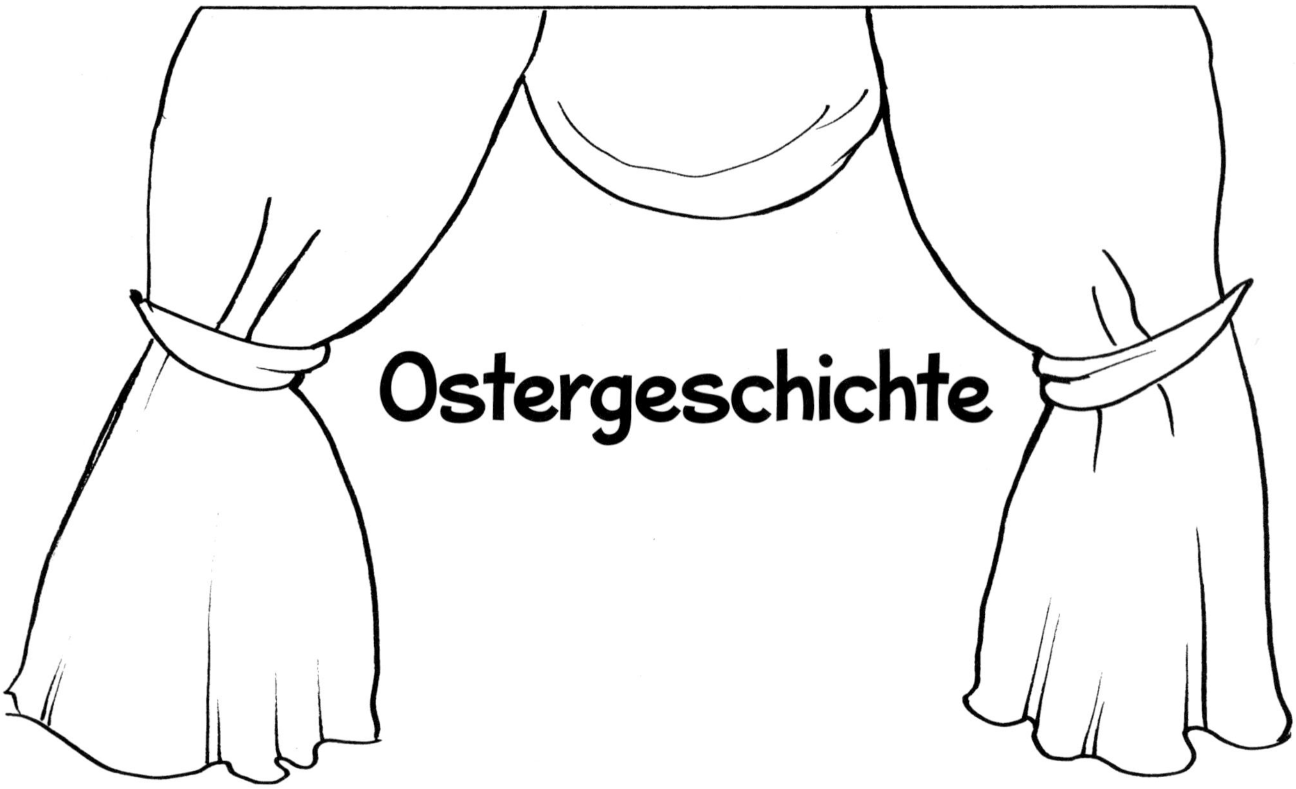

Ostergeschichte

M7 Arbeitsblatt: Jesus' Einzug in Jerusalem

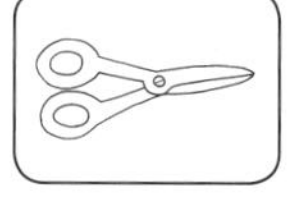

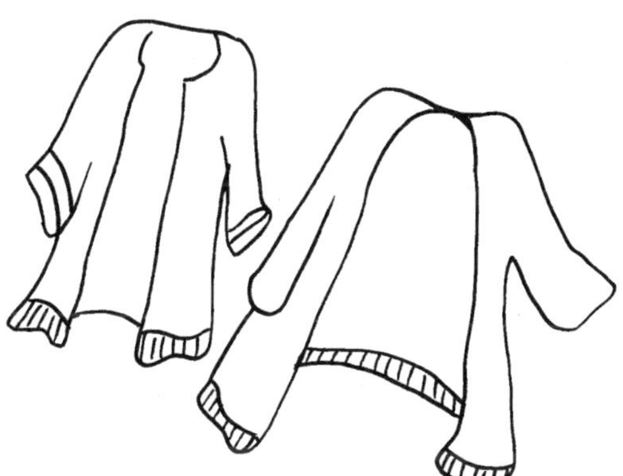

3. Stunde: Jesus – ein König zum Anfassen

Intention und Material

Intention
SuS sollen
- Jesus als König zum Anfassen verstehen, der den Menschen hilft und nicht regiert.
- die Gründe der Menschen kennenlernen, die sich gegen Jesus wenden.

Material
AB M8, **M9**

Aufbau der Unterrichtsstunde

Einstieg (10 Minuten)
1. L. oder S. flüstert die SuS in den Erzählkreis.
2. Erstellung des Stundenwegweisers mithilfe von Bildern. Diese Bilder finden Sie auf den Seiten 5 bis 10 in diesem Buch.
   - Erzählkreis
   - Ritual: Kerze anzünden
   - Lied (z. B. „Vom Anfang bis zum Ende"; siehe S. 90)
   - Überlegen: Jesus' Einzug in Jerusalem
   - Erzählen
   - Einzelarbeit
   - Erzählkreis: Vorstellung der Arbeitsergebnisse
   - Lied (z. B. „Halleluja, wir loben den Herrn", siehe S. 89)
   - Ritual: Kerze auspusten
3. L. hängt das Arbeitsblatt (**M7**) der vorhergehenden Stunde an die Tafel.
4. SuS wiederholen den Stundeninhalt.
5. Ggf. zus. L-Impuls: „Dieses Arbeitsblatt kennt ihr aus der letzten Religionsstunde."

Hinführung (10 Minuten)
Erzählkreis
1. L. erzählt die Geschichte weiter (nach Mk 11, 1–9):
   Die Menschen rufen laut: „Hosianna!
   Jesus soll unser König sein!
   Gott hat ihn geschickt.
   Gott segne ihn!"
   Viele, die Jesus sehen, freuen sich über seinen Einzug.
   Einigen aber gefällt Jesus' Kommen gar nicht.
   Sie sagen: „Der ist doch kein richtiger König.
   Nicht einmal eine Krone hat er."
2. L.: „Schaut euch das Bild (**M7**) der letzten Stunde noch einmal ganz genau an. Seht ihr auf dem Bild Menschen, die Jesus' Kommen ärgert?"
3. L.: „Jesus unterscheidet sich von einem König, so wie ihn diese Menschen kennen."
   L. klappt die Tafel auf.

Tafelbild:

Jesus soll unser König sein	
Jesus	König

4. L.: „Ihr bekommt gleich ein Arbeitsblatt mit diesen Bildern." (L. zeigt Bilder des AB **M8**).
5. L. hängt die vergrößerten Bilder an die Tafel. SuS benennen Bilder.
6. L. erklärt an einem Beispiel den Arbeitsauftrag. L.: „In welche Spalte gehört der Esel? Passt er zu Jesus oder eher zu einem herkömmlichen König?"

Arbeitsauftrag (EA)
SuS arbeiten mit den Arbeitsblättern **M8** und **M9**.
M8: Vergleiche und ordne zu: Was passt zu Jesus, was zu einem herkömmlichen König?
M9: *Sonnenaufgabe:* Jesus ist ein König, der bei den Menschen ist. Male oder schreibe in die Krone, was du über Jesus weißt.

L.: „Gibt es noch Fragen zu der Aufgabe?"
L. bittet einen S., die Aufgabe in seinen eigenen Worten zu wiederholen.

Arbeitsphase (15 Minuten)
SuS führen den Arbeitsauftrag in EA an ihrem Arbeitsplatz aus.

Reflexion (10 Minuten)
Arbeitsplatz
1. SuS stellen ihre Arbeitsergebnisse vor, indem sie die Bilder in die entsprechende Spalte an die Tafel hängen, und begründen ihre Entscheidung.
2. L. fasst Stundenergebnis zusammen: „Jesus ist kein herkömmlicher König. Er ist ein König zum Anfassen, der bei den Menschen ist und ihnen hilft."

Ausblick
L.: „Jesus ist für manche Menschen in Jerusalem ein Ärgernis. In der nächsten Religionsstunde erfahrt ihr, wie die Geschichte weitergeht."

Ritual
Lied, Kerze

Vergleiche und ordne zu: Was passt zu Jesus, was zu einem herkömmlichen König?

Jesus soll unser König sein	
Jesus	König

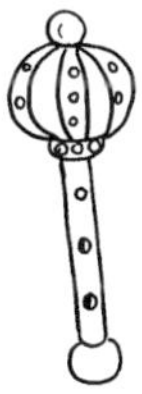

Male oder schreibe in die Krone,
was du über Jesus weißt.

Jesus – ein König zum Anfassen

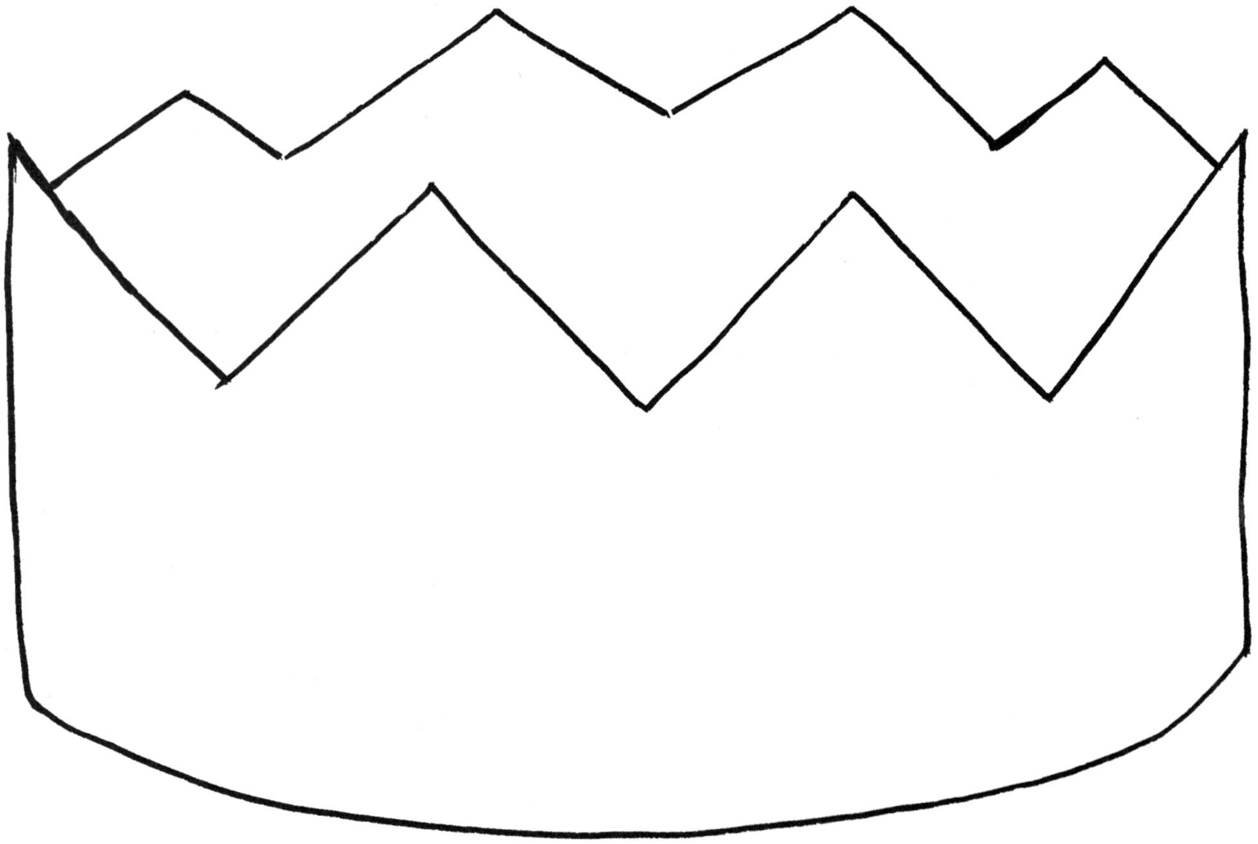

4. Stunde: Jesus wird angeklagt und verurteilt

Intention und Material

Intention
Die SuS sollen
- Mitgefühl für Jesus entwickeln.
- die Ungerechtigkeit der Verurteilung von Jesus nachempfinden.

Material
Kamishibai, **Bilder M10–M13**, **AB M14**, **Bild M15**

Aufbau der Unterrichtsstunde

Einstieg (10 Minuten)
1. L. oder S. flüstert die SuS in den Erzählkreis.
2. Erstellung des Stundenwegweisers mithilfe von Bildern. Diese Bilder finden Sie auf den Seiten 5 bis 10 in diesem Buch.
   - Erzählkreis
   - Ritual: Kerze anzünden
   - Lied (z. B. „Gottes Liebe ist so wunderbar"; siehe S. 86)
   - Überlegen: Jesus – ein besonderer König
   - Erzählen
   - Einzelarbeit
   - Lied (z. B. „Gottes Liebe ist so wunderbar"; siehe S. 86)
   - Ritual: Kerze auspusten
3. Summer Impuls: L. zeigt auf den vierten Punkt des Stundenwegweisers: Jesus – ein besonderer König.
4. Ggf. zusätzlicher L.-Impuls: „Warum ist Jesus ein besonderer König?"

Hinführung/Arbeitsphase (20 Minuten)
Erzählkreis
1. L.: „Heute werdet ihr erfahren, wie die Geschichte weitergeht. Hört gut zu. Am Ende stelle ich euch Fragen zum Gehörten."
2. L. erzählt den Fortgang der Geschichte mithilfe des Kamishibais (nach Mk 15 in Auszügen).

   L. zeigt **Bild M10**:
   Jesus hat nicht nur Freunde.
   Manche ärgern sich darüber, dass viele Menschen rufen:
   „Hosianna! Jesus soll unser König sein!"
   Sie sagen: „Jesus bringt Unruhe unter die Menschen."

   L. zeigt **Bild M11**:
   Sie lassen ihn gefangen nehmen.
   „Bist du der König der Juden?", fragt Pilatus.
   „Du sagst es", antwortet Jesus.
   Jesus wird zum Tode verurteilt.

   L. zeigt **Bild M12**:
   Die Soldaten führen Jesus ab.

   L. zeigt **Bild M13**:
   Jesus stirbt am Kreuz.
3. L. stellt Fragen zum Gehörten, wartet zuvor jedoch kurz Spontanäußerungen der SuS ab.
   Fragen zum Gehörten:
   - „Was sagt ihr dazu?"
   - „Warum wurde Jesus gefangen genommen?"
   - „Wie fühlen sich Jesus' Freunde?"
4. L.: „Ihr werdet gleich die Bilder von der Gefangennahme und Kreuzigung von Jesus farbig gestalten. Beachtet dabei, dass Farben Gefühle ausdrücken. Was meint ihr, welche Farben eignen sich?"
   L. wartet Äußerungen der SuS ab.

Arbeitsauftrag (EA)
SuS bearbeiten das Arbeitsblatt **M14**.
Male das Bild an.
Berücksichtige bei deiner Farbauswahl die Gefühle der Freunde von Jesus.

L.: „Gibt es noch Fragen zu der Aufgabe?"
L. bittet einen S., die Aufgabe in seinen eigenen Worten zu wiederholen.

Arbeitsphase (10 Minuten)
SuS führen den Arbeitsauftrag in EA an ihrem Arbeitsplatz aus.

Reflexion (5 Minuten)

Hausaufgabe
Bild zu Ende gestalten.

Ausblick
L. hängt Bild **M15** an die Tafel. L.: „In der nächsten Stunde erfahrt ihr, wie die Geschichte endet."

Ritual
Lied, Kerze

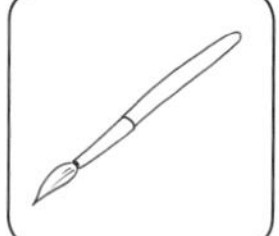

Male das Bild an. Berücksichtige bei deiner Farbauswahl die Gefühle der Freunde von Jesus.

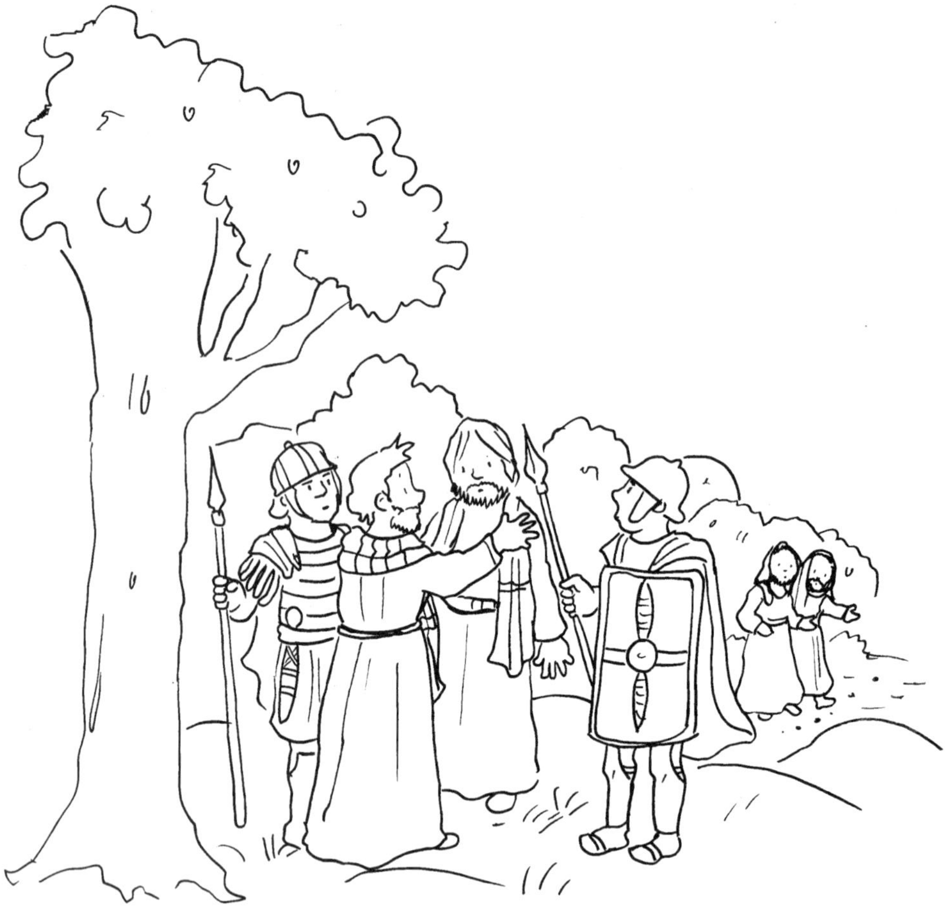

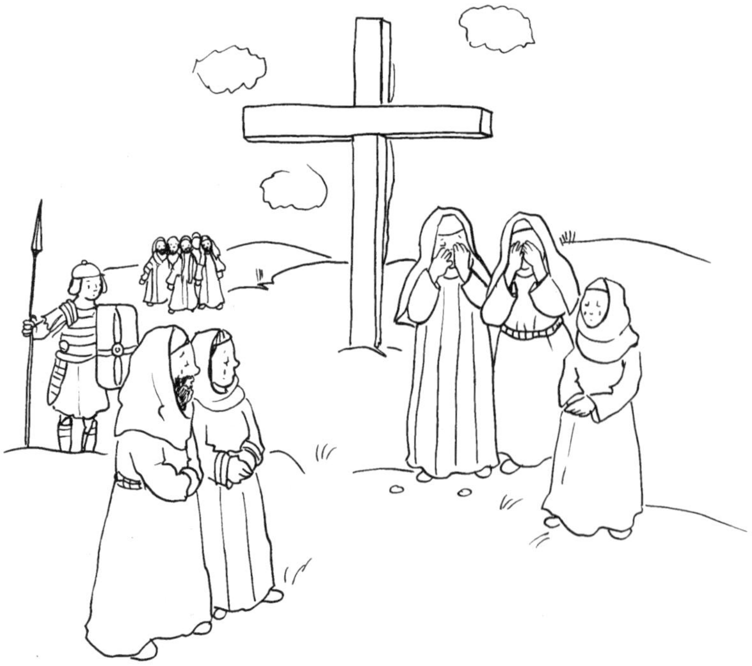

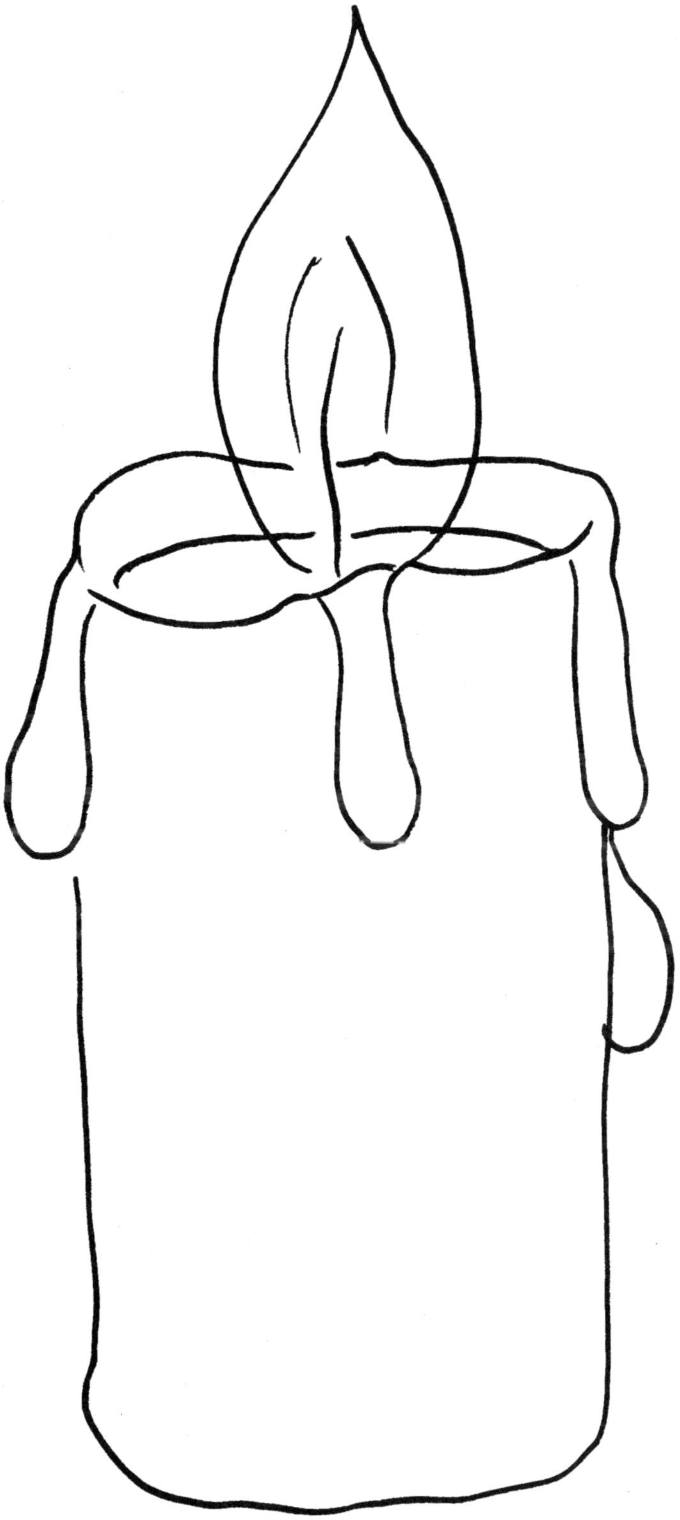

5. Stunde: Jesus lebt in unserer Mitte weiter

Intention

Intention
SuS sollen erfahren,
- dass Jesus in unseren Erzählungen weiterlebt.
- dass an Ostern dieser Sieg Jesu über den Tod gefeiert wird.

Aufbau der Unterrichtsstunde

Einstieg (10 Minuten)
1. L. oder S. flüstert die SuS in den Erzählkreis.
2. Erstellung des Stundenwegweisers mithilfe von Bildern. Diese Bilder finden Sie auf den Seiten 5 bis 10 in diesem Buch.
   - Erzählkreis
   - Ritual: Kerze anzünden
   - Lied (z. B. „Vom Anfang bis zum Ende"; siehe S. 90)
   - Überlegen: Was bisher geschah …
   - Erzählen
   - Einzelarbeit
   - Lied (z. B. „Ich denke an dich"; siehe S. 88)
   - Ritual: Kerze auspusten
3. L. hängt die Bilder aus der Erzählung der letzten Stunden in ungeordneter Reihenfolge an die Tafel.
4. SuS ordnen die Bilder und erzählen dazu.

Hinführung (10 Minuten)
1. L.: „Diese Menschen haben nicht verstanden, dass Jesus kein König mit Soldaten und einem Palast sein wollte. Sie ließen ihn ans Kreuz schlagen."
2 L. zeigt auf das letzte Bild an der Tafel. (**M13 [Kreuz]** aus der letzten Stunde)
3. L.: „Jesus' Freundinnen und Freunde legen ihn in ein Grab."
4. L. hängt **Bild M16** an die Tafel.
   L.: „Jesus ist nicht mehr bei ihnen. Die Freundinnen und Freunde von Jesus weinen. Irgendwann beginnt einer von ihnen, von seinen Erlebnissen mit Jesus zu erzählen.
   Da verschwindet nach und nach ihre Traurigkeit. Jesus ist nicht tot. Er lebt in ihren Gedanken weiter.
   Sie freuen sich, denn sie wissen: Wenn ich von Jesus erzähle, dann ist er bei mir."
5. L. hängt **Bild M15** an die Tafel.
   L. wartet Spontanäußerungen der SuS ab.
6. L.: „An Ostern freuen wir uns, dass Jesus in uns weiterlebt. Indem wir von ihm erzählen, lebt er weiter."

Arbeitsauftrag (EA)
SuS arbeiten mit dem **Arbeitsblatt M18.**
Gestalte das Oster-Mandala farbig.
Denke daran: Farben drücken Gefühle aus.

Arbeitsphase (20 Minuten)
SuS führen den Arbeitsauftrag aus.

Reflexion (5 Minuten)
SuS stellen ihre Arbeitsergebnisse vor.

Ritual
Lied, Kerze

Gestalte das Oster-Mandala farbig.
Denke daran: Farben drücken Gefühle aus.

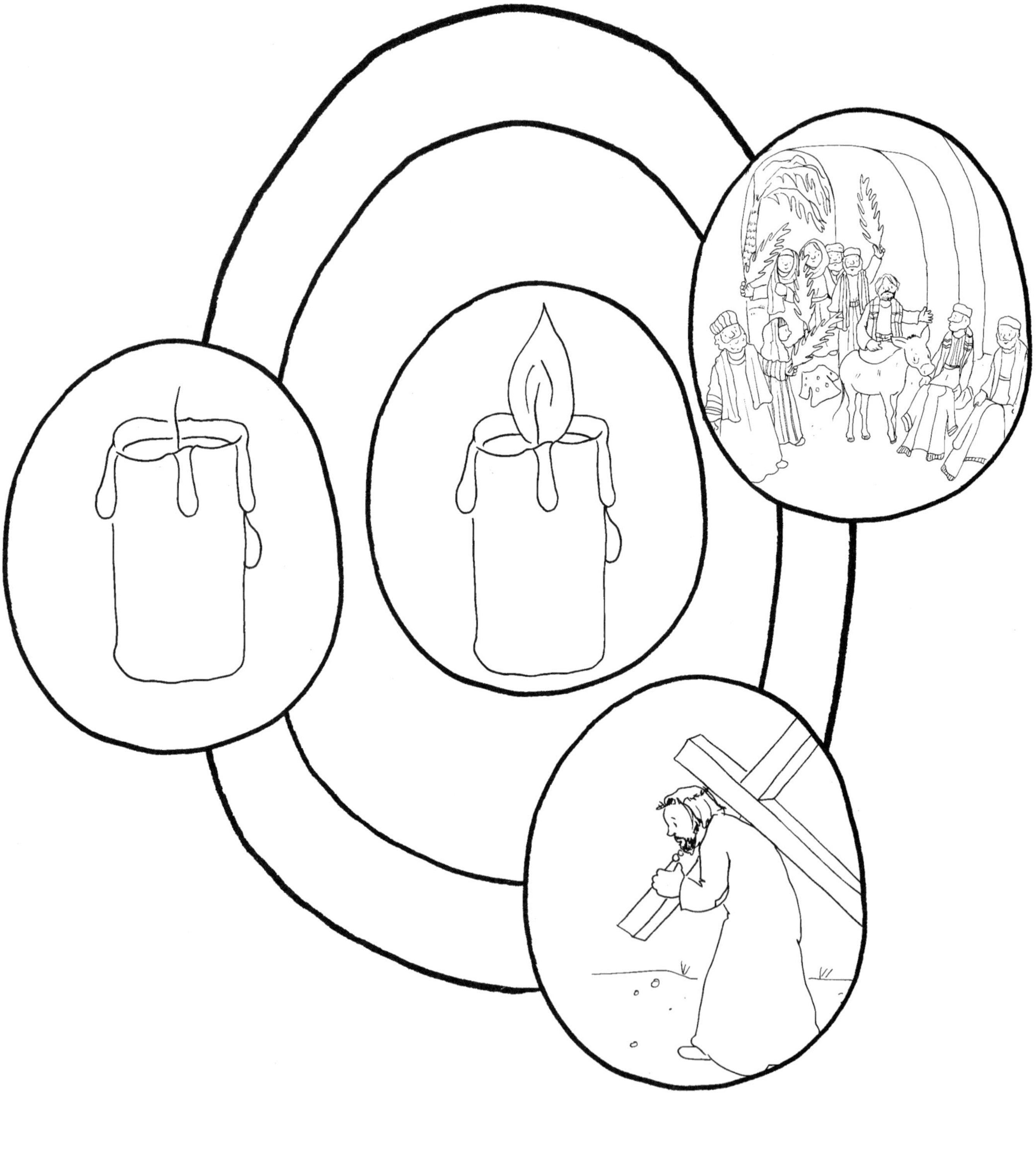

5. Lieder und Noten

Die drei Weisen* kommen

Text: Rolf Krenzer
Melodie: Paul G. Walter

* *urprünglicher Text* „Könige“

Gottes Liebe ist so wunderbar
Jesus' Liebe ist so wunderbar

Text: unbekannt
Musik: Spiritual

Gottes Güte ist so wunderbar …
Jesus' …

Gottes Gnade ist so wunderbar …
Jesus' …

Gottes Treue ist so wunderbar …
Jesus' …

Gottes Hilfe ist so wunderbar …
Jesus' …

Halte zu mir, guter Gott

Text: Rolf Krenzer
Musik: Ludger Edelkötter

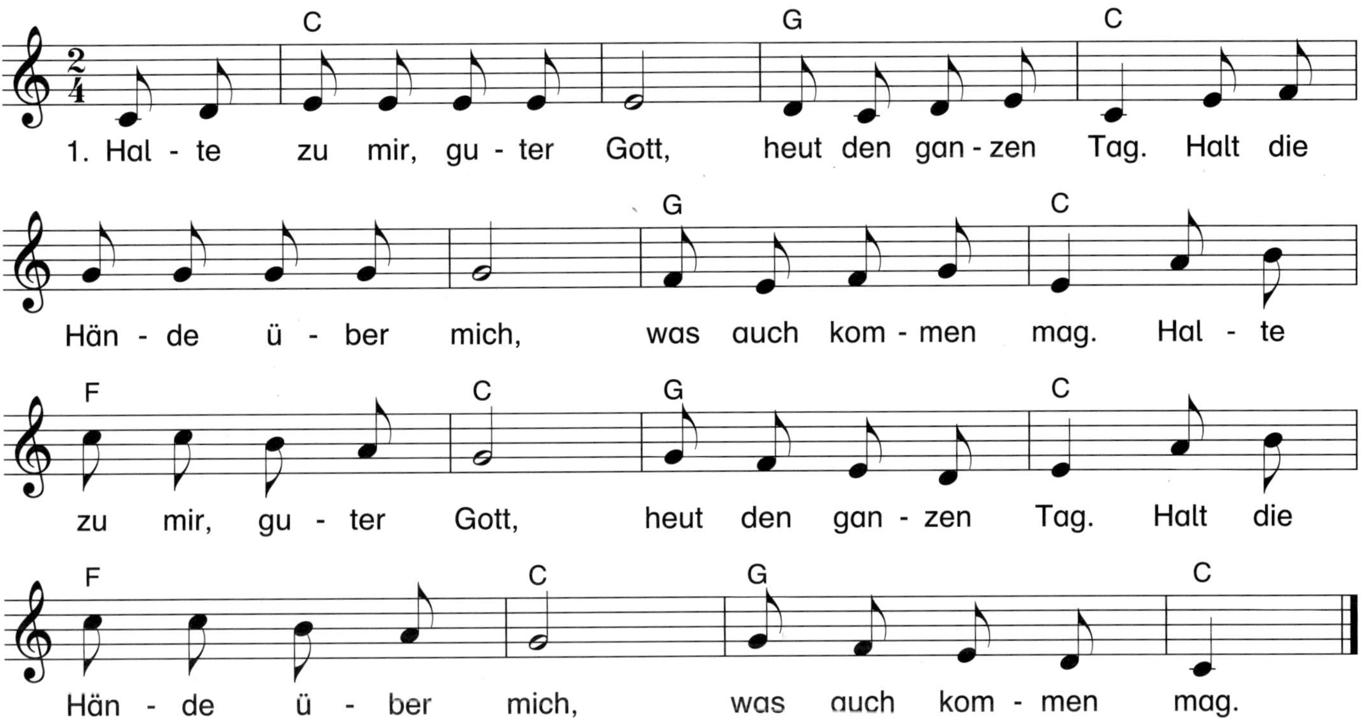

2. Du bist jederzeit bei mir.
   Wo ich geh' und steh',
   spür' ich, wenn ich leise bin,
   Dich in meiner Näh.
   Halte zu mir, guter Gott
   heut' den ganzen Tag.
   Halt die Hände über mich,
   was auch kommen mag.

3. Gibt es Ärger oder Streit
   und noch mehr Verdruss,
   weiß ich doch, Du bist nicht weit,
   wenn ich weinen muss.
   Halte zu mir, guter Gott,
   heut' den ganzen Tag.
   Halt die Hände über mich,
   was auch kommen mag.

4. Meine Freude, meinen Dank,
   alles sag ich Dir.
   Du hältst zu mir, guter Gott,
   spür' ich tief in mir.
   Halte zu mir, guter Gott,
   heut' den ganzen Tag.
   Halt die Hände über mich,
   was auch kommen mag.

Ich denke an dich

Text und Melodie: Sepp Faist

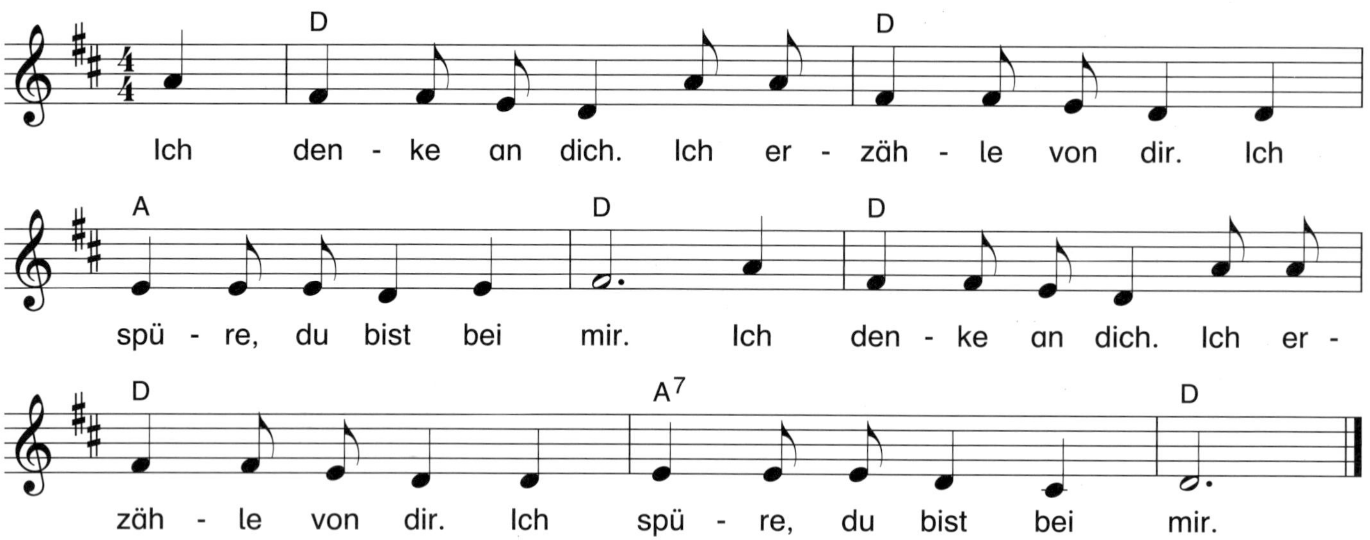

Wir folgen dem Stern

Text: Rolf Krenzer
Musik: Siegfried Fietz

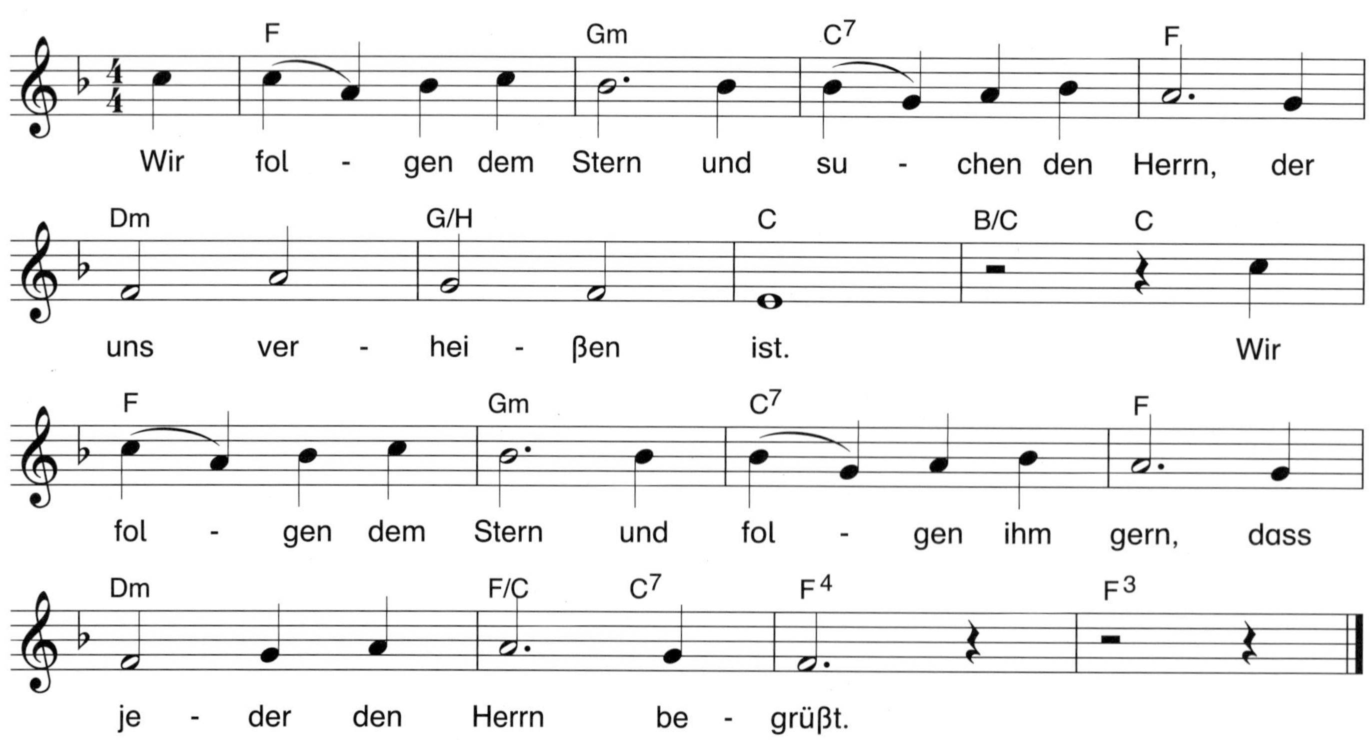

Lasst uns miteinander

Text und Melodie: Peter van Woerden

Bewegungsanleitung:

Bei jedem „**loben**“ oder „**preisen**“ die Arme zum Himmel strecken.

Bei jedem „**danken**“ die Hände falten.

Bei jedem „**singen**“ die Hände zum Mund führen und wie zum Rufen vor den Mund halten.

Immer und überall (Vom Anfang bis zum Ende)

Text und Musik: Daniel Kallauch

6. Quellenverzeichnis

Text- und Musikquellen

„Wir folgen dem Stern“
Text: Rolf Krenzer
Musik: Siegfried Fietz
Aus: „Der König im Stall“, Nr. 099
© ABAKUS Musik Barbara Fietz, 35753 Greifenstein

„Die drei Weisen kommen“ („Die Legende von den drei weisen Königen“)
Text: Rolf Krenzer
Musik: Paul Gerhard Walter
© Edition SEEBÄR-Musik, www.kinderlieder-und-mehr.de

„Immer und überall (Vom Anfang bis zum Ende)“
Text und Musik: Daniel Kallauch
© Daniel Kallauch, VOLLTREFFER, 45529 Hattingen

„Halte zu mir, guter Gott“
Text: Rolf Krenzer – © Rolf Krenzer Erben, Dillenburg
Musik: Ludger Edelkötter, KiMu Kinder Musik Verlag GmbH, 64285 Darmstadt

„Gottes Liebe ist so wunderbar“ (Originaltitel: „Rock-A-My-Soul“)
Text: unbekannt
Musik: Spiritual

„Ich denke an dich“
Text und Musik: Sepp Faist
© Sepp Faist

„Lasst uns miteinander“
Text und Musik: Peter van Woerden

Leider konnten nicht alle Rechteinhaber ermittelt werden. Wir bitten ggf. um Rückmeldung an den Verlag.